그리스 로마 신화로 엮은
오비디우스의

변신 이야기

그리스 로마 신화로 엮은
오비디우스의

변신 이야기

MYTHS
OF
GREECE
AND
ROME

춤추는 고래

인류 최고 고전의 세계와 만남

    이 책은 고대 로마의 시인 오비디우스의 《변신 이야기》를 토대로 꾸며진 《그리스 신화》 이야기이다. 《변신 이야기》는 세련된 감각과 풍부하고 아름다운 표현으로 르네상스 시대에 널리 읽힌 서사시였다. 또 고대 그리스 시인 호메로스의 《일리아드》, 《오디세이》와 함께 최고의 문학작품이자 고전으로, 미술과 문학은 물론 과학기술 용어에 이르기까지 서양문화 전반에 걸쳐 큰 영향을 끼쳤다는 평가를 받고 있다.

    요즘처럼 TV가 없던 시절 음유시인들의 서사시는 안방 손님들에게 최고의 인기 프로그램이었을 것이다. 특히 교황의 권위가 절대적이고 여성들에게 정조대를 채울 정도로 억압된 사회일수록 인간의 감성을 자극하는 로맨스는 보다 많은 이들을 빠져들게 했을 것이다. 아무튼 이처럼 방대한 내용의 서사시를 책으로 엮기란 쉽지가 않다. 결국 핵심 인물을 중심으로 편집할 수밖에 없다. 그리고 미비한 내용들은 《그리스 로마 신화》에서 보충하는 방식으로 그리스 신화를 만들었다. 그러나 전체적인 기본 텍스트는 오비디우스의《변신 이야기》에서 추구하는 미학을 최대한 강조하는 방향으로 나아가도록 노력했다.

신화는 서양정신의 원형

그리스 신화는 서양의 문명을 이해하기 위한 출구이자 기착지이다. 동양권 문화로서는 이해할 수 없는 이야기들로 인해 아동기에는 잘 권하지 않거나 아동용으로 따로 각색시켜 책이 나올 정도의 내용들이 많다.

특히 제우스의 여성 편력은 전통적으로 미풍양속을 강조한 우리 문화에서 받아들이기가 쉽지 않은 부분들이기도 하다. 그러나 이러한 '다름'을 통해 우리는 헬레니즘 문화의 속살을 경험할 수 있다.

헬레니즘 문화가 왜 인류의 찬란한 문명의 밑거름이 되었는지, 그리고 근대로 올수록 헬레니즘의 자유로운 문화가 어떻게 작용했는지를 이해하기 위해서는 그리스 신화는 중요한 원형이 되어 준다. 특히 철학의 주요 저서들을 보면 대부분 신화적인 표현들을 통해 어려운 문제들을 쉽게 설명하려는 시도들을 찾아볼 수 있다. 예를 들어 플라톤의《국가》에 등장하는 수많은 서사시의 인용들은 호메로스와 소포클레스, 에우리피데스가 쓴 비극과 서사시를 읽지 않고서는 결코 이해할 수 없는 부분들이다. 이처럼 서양의 고전을 읽어내기 위해서라도 탄탄한 신화에 대한 독서는 매우 의미 있다고 할 수 있다.

끝으로 이 책은 가족 모두에게 읽혀지도록 주옥같은 명화를 바탕으로 신화의 현장감을 살렸음을 알려 둔다.

엮은이 진성

| 차례 |

오비디우스의 변신 이야기

| 제1장 |

오이디푸스의 비극

MYTHS
OF
GREECE
AND
ROME

아버지를 죽인 오이디푸스

불운한 신탁에 의해 태어난 오이디푸스는
태어나자마자 부모로부터 버림을 받는다.
그리고 그 무서운 불운한 신탁이
이루어지는데……

테베의 왕 라이오스는 새로 태어난 그의 아들이 그대로 성장하면 그의 왕위와 생명에 위협이 되고 왕비와 결혼하게 되리라는 신탁의 경고를 받았다. 그래서 왕은 아들을 한 양치기에게 맡기며 죽이라고 명령했다. 그러나 양치기는 아기가 너무 가여워서 죽일 수 없었다.

그렇다고 왕의 명령을 어길 수도 없고 하여, 아기의 발을 묶어 나뭇가지에 매달아 두었다.

다행히 아기는 어떤 농부에게 발견되었고, 농부는 그 나라의 왕에

아기 오이디푸스의 조각상

게 아기를 데리고 갔다. 아이가 없던 국왕 부부는 아기를 양자로 맞아
들여 오이디푸스라고 이름을 지었다.

　세월이 흘러 라이오스는 시종 하나만을 데리고 델포이로 가는 길에
서 이륜마차를 몰고 가는 한 청년을 만났다.

아버지를 죽인 오이디푸스의 절망
헨리 퓨젤리 (Henry Fuseli)

　왕의 명령대로 청년이 길을 물러서기를 거부하자, 왕의 시종은 청년의 말 한 마리를 죽였다. 화가 머리끝까지 난 청년은 라이오스와 그의 시종을 죽였다. 이 청년이 바로 오이디푸스였다.

　그는 자신도 모르는 사이에 친아버지의 살해자가 되었다.

　이 사건이 있은 지 얼마 되지 않아, 테베시의 사람들은 통행을 가로막는 어떤 괴물 때문에 무척 괴로움을 당하고 있었다.

스핑크스의 수수께끼

오이디푸스와 괴물 스핑크스의
수수께끼 문제를 놓고 죽음을
다투는 이야기.

스핑크스라는 괴물은 길 가는 사람을 멈추게 하고는 그들에게 수수께끼를 내어 그것을 푸는 자는 그대로 보내 주지만 풀지 못하는 자는 잡아먹는다고 했다. 그런데 아직까지 수수께끼를 푼 사람은 한 사람도 없었고, 통행인이 모두 스핑크스에게 죽었다고 했다.

오이디푸스는 이 이야기를 듣고 그 무서운 스핑크스를 없애려고 그곳으로 갔다. 스핑크스가 길에서 걸어오는 오이디푸스를 불러 세우고 그에게 수수께끼를 냈다.

오이디푸스와 스핑크스
귀스타브 모로 (Gustave Moreau)

"아침에는 네 발로 걷고, 낮에는 두 발로 걷고, 저녁에는 세 발로 걷는 동물은 무엇인가?"

오이디푸스는 망설이지 않고 대답했다.

"그것은 인간이다. 인간은 어릴 때는 두 손과 두 무릎으로 기어 다니고, 커서는 두 발로 걸어 다니고, 늙으면 지팡이를 짚고 다니기 때문이다."

오이디푸스가 정답을 맞히자, 스핑크스는 높은 바위 위로 올라가 그 밑으로 몸을 던져 죽어버렸다. 테베시의 사람들은 오이디푸스를 새로운 왕으로 모시고, 라이오스 왕의 왕비인 이오카스테와 결혼하게 했다.

이렇게 되어 오이디푸스의 신탁은 이루어졌다.

스핑크스 문제를 맞히는 오이디푸스
장 오귀스트 도미니크 앵그르 (Jean Auguste Dominique Ingres)

오이디푸스와 안티고네

*오이디푸스의 무서운 비극은 처참한
결과를 맞는다. 그러나 그의 딸
안티고네의 눈물겨운 효성과 우애는
모든 이를 감동하게 한다.*

오이디푸스의 딸인 안티고네는 효성과 우애가 깊은 여인이었다.

오이디푸스는 이미 자기의 아버지인지도 모르고 부친을 살해하였고,
왕비와 결혼함으로써 어머니의 남편이 된 것이다. 마침내 테베에 기근
과 역병의 재난이 일어났다.

재난의 이유를 신탁에 문의한 결과 오이디푸스가 저지른 이중의 범
행이 백일하에 드러나게 되었다. 이에 이오카스테는 자살하였고, 오이
디푸스는 미쳐서 스스로 자신의 눈을 뽑아낸 뒤 천벌을 받아 모든 사

앞을 못 보는 오이디푸스를 부축하는 안티고네
페터 가브리엘 비켄베르크 (Petter Gabriel Wickenberg)

안티고네
프레데릭 레이튼 (Frederic Leighton)

람들에게 공포의 대상이 되었다. 오이디푸스는 테베에서 추방되었다. 딸 안티고네만이 그의 동행자가 되어 그가 죽을 때까지 그를 돌보다가 테베로 돌아왔다.

그리고 그녀는 오빠들의 분쟁에 휘말린다.

오빠들의 왕위 다툼 전쟁에서 두 오빠들은 죽었고, 전쟁을 일으킨 오빠 폴리네이케스의 시신을 거두지 말라는 크레온의 엄명에도 불구하고 안티고네는 오빠의 시신을 거둔다.

그 일로 인해 안티고네는 생매장이라는 형을 당하여 죽었다. 그러나 그녀의 효성과 우애는 후대의 많은 예술가들이 예술로 표현하였다.

오이디푸스와 스핑크스
귀스타브 모로 (Gustave Moreau)

　프랑스의 상징주의 화가이다. 모로는 의식적으로 신화를 주제로 한 그림에서 인간의 번민과 고통, 이상적인 영웅상 등을 상징적으로 표현함으로써 상징주의를 대표하는 화가로 손꼽힐 뿐만 아니라 후에 나타나는 표현주의에 결정적인 동기를 주게 된다.

　이 작품 또한 모로의 작품성이 잘 나타나고 있는데, 중앙의 스핑크스와 왼쪽 하단에 수수께끼의 답을 구하려는 오이디푸스의 고민하는 모습과 스핑크스 주변에 널브러져 있는 희생자들의 모습에서 화려함과 긴장감을 잘 표현하고 있다.

오비디우스의 변신 이야기

| 제2장 |

오르페우스와 에우리디케

MYTHS
O F
GREECE
A N D
ROME

오르페우스와 에우리디케

*신화 최고의 가수인 오르페우스와
나무의 여신인 에우리디케의 운명적
사랑과 이별이 담긴 슬픈 메시지.*

오르페우스는 아폴론과 무사이인 칼리오페 사이에서 태어난 아들이었다. 그는 아버지 아폴론으로부터 리라를 선물 받아 그것을 타는 법을 배웠다. 그런데 그가 어찌나 리라를 잘 탔던지 그의 음악을 듣고 매료되지 않는 자는 아무도 없었다. 인간뿐만 아니라 맹수도 그의 곡을 듣고는 사나운 성질을 버리고 유순해져서 그의 주위에 모여들어 연주에 넋을 잃곤 했다.

오르페우스와 에우리디케는 서로 사랑하여 결혼하였다. 그러나 결

오르페우스와 에우리디케
루이 뒤시 (Louis Ducis)

혼한 지 얼마 되지 않아 에우리디케는 님프들과 산책을 나갔다가 아리스타이오스라는 양치기의 눈에 띄었다. 그는 그녀의 아름다움에 반해 그녀의 사랑을 얻고자 말을 붙이려고 했다. 깜짝 놀란 에우리디케는 그를 피해 달아났다. 그런데 그만 풀 속에 있던 뱀에게 물려 죽었다.

오르페우스는 자신의 슬픔을 말과 음악으로 하여 신과 인간을 가리지 않고 호소했다. 그뿐 아니라 지상의 공기를 호흡하는 모든 것에 호소했다. 그러나 그것이 아무 소용이 없다는 것을 알게 되자, 그는 지하세계로 내려가서 아내 에우리디케를 찾기로 결심했다.

에우리디케의 죽음을 슬퍼하는 오르페우스
아리 셰퍼 (Ary Scheffer)

명부로 간 오르페우스

사랑하는 에우리디케를 살리기 위해
지옥까지 찾아간 오르페우스의
지고지순한 사랑 이야기.

오르페우스는 천신만고 끝에 하데스와 페르세포네의 왕좌 앞으로 나아갔다. 그리고 그는 리라를 연주하면서 다음과 같은 말로 노래를 불렀다.

"지하세계의 신들이시여, 당신들이 있는 이곳으로 우리 같은 생명이 있는 자들은 모두 오게 마련입니다.

제가 이곳에 온 것은 타르타로스의 비밀을 염탐하기 위해 온 것도 아니고, 꽃다운 청춘으로 독사에 물려 뜻하지 않게 죽음을 당한 제 아내를 찾으러 왔습니다. 사랑이 저를 이곳으로 인도한 것입니다."

오르페우스
폴 들라로슈 (Paul Delaroche)

그가 애달프게 노래를 부르자, 망령들까지도 눈물을 흘렸다. 오르페 우스의 노래와 연주를 들은 페르세포네는 그의 청을 거부할 수 없었고,

하데스와 페르세포네 앞에 선 오르페우스
프랑수아 페리에 (François Périer)

오르페우스는 아내 에우리디케를 찾아 지하세계인 명부로 내려갔다. 그가 하데스와 페르세포네 앞에서 아내를 돌려 달라고 애원하며 노래를 하는 장면이다.

하데스 자신도 양보했다.

　하데스는 오르페우스가 지상으로 그녀를 데리고 가도 좋다는 허락을 하였지만 조건을 하나 붙였다. 그 조건은 지상에 도착할 때까지 오르페우스가 그녀를 돌아보아서는 절대 안된다는 것이었다.

　조건을 수락한 오르페우스는 앞에 서고 에우리디케는 그의 뒤를 따르면서 어둡고 험한 지하세계의 길을 말 한마디 하지 않고 걸어 나왔다. 마침내 그들이 지상세계로 나오는 바로 그때였다.

오르페우스와 에우리디케
장 밥티스트 카미유 코로
(Jean-Baptiste-Camille Corot)

오르페우스의 죽음

오르페우스의 안타까운 이별과
그를 좋아한 처녀들의 앙심은
엄청난 비극을 초래한다.

오르페우스는 하데스의 조건을 깜빡 잊고 에우리디케가 아직도 자신의 뒤를 따라오나 확인하기 위해 뒤를 돌아보았다. 그 순간, 그녀는 유령들에게 다시 끌려가게 되었다.

오르페우스는 에우리디케를 잡으려고 얼른 손을 내밀어 허공만 잡았을 뿐이다. 에우리디케는 다시 지하세계로 끌려 들어가면서도 오르페우스를 원망하지 않았다. 그녀는 자신의 존재를 확인하기 위해 저도 모르게 저지른 실수를 탓할 수 없었기 때문이었다.

오르페우스와 에우리디케
조지 프레더릭 와츠 (George Frederick Watts)

"이제 마지막이군요. 안녕히!"

오르페우스는 그녀의 뒤를 따라가려고 했다. 그러나 그는 두 번 다시 지하세계로 갈 수가 없었다. 그 후 그는 여자를 멀리하였다. 그때 트라키아의 처녀들이 그의 마음을 사로잡으려고 온갖 노력을 다 했지만, 그는 그녀들의 구혼을 단호하게 거절했다.

분노한 그녀들은 오르페우스의 사지를 갈기갈기 찢고 그의 머리와 리라를 헤브로스 강에 다 던져 버렸다. 그러자 무사이의 여신들이 갈기갈기 찢어진 오르페우스의 몸을 모아 레이베트라라는 곳에 묻어 주었다.

오르페우스의 머리를 발견한 무사이 여신들
존 윌리엄 워터하우스 (John William Waterhouse)

　19세기 영국의 화가. 고전주의적 주제를 추구했지만 라파엘 전파와 유사한 작품을 그렸다. 초기에는 앨머 태디마에게서 깊은 영향을 받았지만 이후 좀 더 시적인 주제를 다루었다.

　이 작품은 오르페우스가 트라키아의 여자들로부터 죽임을 당하고 그의 머리가 물 위에 떠다니다 무사이의 여신들에게 발견되는 장면을 묘사하였다. 섬세한 필치와 여신들의 모습에서 라파엘 전파의 화풍을 발견할 수가 있다.

오비디우스의 변신 이야기

| 제3장 |

신들의 집착과 응징

MYTHS
O   F
GREECE
A   N   D
ROME

아폴론과 다프네

빛과 태양, 이성과 예언의 신인 아폴론은
사랑에 대해서는 냉정했지만 에로스의
화살을 맞고 다프네라는 여인에게
연정의 집착에 빠지게 된다.

아폴론이 아프로디테 여신의 아들 에로스를 만났다. 아폴론은 장난
감 같은 활을 가지고 있는 에로스를 놀려댔다. 놀림에 화가 난 에로스
는 금으로 만든 화살을 꺼내 아폴론을 향해 쏘았다. 그리고 또 하나의
납으로 된 화살을 꺼내 가까이 있던 강의 신 페네이오스의 딸 다프네를
향해 쏘았다.

그러자 곧바로 아폴론은 다프네를 사랑하게 되었다 .

아폴론은 다프네를 죽도록 사랑했기 때문에 어떻게 해서라도 그녀

아폴론과 다프네
조반니 바티스타 티에폴로 (Giovanni Battista Tiepolo)

로코코 회화의 전형을 보여 주는 이 작품에서 아폴론을 피해 달아나는 다프네와 그녀를 쫓는 아폴론의 구도가 역동적으로 나타나고 있다. 다프네의 손가락에서 월계수 나무 줄기가 돋아나는 점이 이채롭다.

아폴론과 다프네의 조각상

와 결혼하고 싶었다.

아폴론의 간청에 다프네는 달아났고, 아무리 아폴론이 말해도 잠시도 멈추지 않았다. 아폴론은 자신의 구애가 거절되자 더는 참을 수 없었다. 그리하여 그는 속력을 내어 그녀를 바싹 뒤쫓았다.

"아버지, 살려 주세요. 저의 모습을 변하게 해 주세요. 저의 모습 때문에 이 같은 일을 당하고 있어요."

다프네가 말을 마치자마자, 그녀의 온몸은 굳어지고 서서히 월계수 나무로 변해 가는 것이었다.

그러자 아폴론이 이렇게 말했다.

"그대는 나의 아내가 될 수 없으므로 나의 나무가 되게 하지. 나는 나의 왕관을 위해 그대를 쓸 것이다."

암소가 된 이오

바람둥이 제우스와 질투의 화신으로
변한 헤라, 그리고 그들의 희생양이 된
이오의 삼각관계 이야기.

제우스는 물의 신 이나코스의 딸 이오의 아름다움에 빠져 검은 연기로 변신하여 그녀와 사랑을 나누고 있었다. 그러다가 자신의 부인 헤라가 다가옴을 느낀 제우스는 이오를 암소로 변신시켰다.

헤라는 암소가 분명 인간이라고 직감하고 암소를 자신에게 선물하라고 간청했다. 제우스는 어떻게 하면 좋을까 망설였다. 자신의 연인을 아내에게 주기는 싫었지만, 그렇다고 주지 못한다고 하면 의심을 받을 것 같아 어쩔 수 없이 승낙하였다.

제우스와 이오
코레조 (Correggio)
제우스가 검은 연기로 변신하여 이오에게 접근하는 장면을 묘사하였다.

암소로 변한 이오
피터르 라스트만 (Pieter Lastman)

바람둥이인 제우스는 여러 여신과 여인들을 유혹한다.
이에 헤라는 질투에 사로잡히는데, 그림의 모습은 헤라
에게 들키지 않게 이오를 암소로 변신시켰지만 눈치가
빠른 헤라가 의심의 눈초리를 보내고 있는 장면이다.

　　그러나 헤라는 제우스의 행동에 의심을 풀지 못하였으므로, 암소를
아르고스에게 데리고 가서 엄중히 감시하도록 명했다.

　　아르고스는 머리에 백 개의 눈을 가지고 있었다. 잘 때는 눈을 동시
에 두 개 이상 감지 않았으므로 그는 계속 이오를 감시할 수 있었다. 이
오는 아르고스에게 결박을 풀어 달라고 애원하려고 했지만, 목소리가
자기 자신도 놀랄 만큼 소의 울음소리를 닮아 있었다.

　　암소가 된 이오는 누군가의 도움이 없다면 암소로 죽어 가야 했다.
제우스는 자기의 연인이 이렇게 고통을 겪고 있는 것을 두고 볼 수는
없었다.

시링크스와 판

헤르메스가 아르고스를 잠들게 하려고
들려주는 시링크스 이야기

제우스는 헤르메스를 불러 아르고스를 죽이라고 명령했다. 헤르메스는 아르고스 곁에 다가가 피리를 불었지만 백 개의 눈을 잠재우지는 못했다. 그러자 헤르메스는 피리에 대해 이야기했다.

"옛날에 시링크스라는 님프가 있었지요. 어느 날 시링크스가 사냥을 마치고 돌아오다가 판을 만났어요. 판은 그녀의 사랑을 얻으려고 온갖 말로 설득했어요. 그러나 시링크스는 그의 말에 귀도 기울이지 않고 달아나고 말았지요. 판은 시냇가에서 시링크스의 뒤를 쫓아 제방에서

헤르메스
페테르 파울 루벤스
(Peter Paul Rubens)
헤르메스는 올림포스
12신 가운데 전령의 신이다.
헤르메스는 신들의 사자
역할을 하는 것 외에 목축,
상업, 도둑 등의 수호신으로
추앙받고 있다.

그녀를 붙잡았지요. 다급해진 시링크스는 친구인 물의 님프들에게 구원을 요청했어요.

시링크스의 소리를 들은 님프들은 곧바로 도와주었어요. 판이 시링크스의 몸을 끌어안자, 갑자기 그녀의 몸은 한 묶음의 갈대로 바꾸어져 있었어요. 판이 탄식을 하자, 바람이 갈대 속을 지나 구슬픈 멜로디를 냈지요. 판은 그 멜로디를 듣고는 신기함과 감미로움에 취해서 말했어요.

판과 시링크스
미쉘 도리니 (Michel Dorigny)
님프 시링크스가 판에게 쫓기면서 물의
님프들에게 구원을 요청하는 장면을 묘
사하였다.

– 이렇게 된 바에야 그대를 내 것으로 만들겠다. –

판은 몇 개의 갈대를 꺾어, 길이가 서로 다르게 하여 나란히 합쳐 피
리를 만들었답니다. 그리고 그 피리를 시링크스라고 불렀답니다."

공작의 무늬가 된 아르고스

헤라 여신의 충직한 부하인 아르고스는
헤르메스의 끈질긴 유혹에 죽임을 당한다.
헤라 여신은 화려한 공작의 무늬로
그의 넋을 기린다.

헤르메스가 이야기를 다 마치기 전에 이미 아르고스의 눈이 전부 감겨 졸고 있는 것 같았다. 아르고스의 머리가 가슴 위에서 끄덕이고 있을 때, 헤르메스가 단칼에 그의 목을 베자 머리가 바위 위로 굴러 떨어졌다.

아르고스의 죽음을 불쌍하게 여긴 헤라는 백 개의 눈들을 빼내어 자신의 공작 꼬리에 장식으로 매달았다. 그래서 오늘까지도 그 눈들은 공작의 꼬리에 남아 있다.

이렇게 되자, 헤라의 복수심은 더욱더 불타올랐다.

아르고스에게 피리를 부는 헤르메스
헨드리크 블루마르트 (Hendrick Bloemaert)

헤라는 이오를 괴롭히기 위해 동물의 피를 빨아먹는 등에 한 마리를 보냈다. 이오는 이 등에의 추적을 피하여 온 세상을 떠돌아다녔다.

이오가 헤라의 질투로 불행을 겪고 있는 것을 더는 지켜볼 수 없었던 제우스는 헤라에게 이오를 다시는 만나지 않겠다고 약속을 하였다. 그러자 헤라는 이오를 본래의 님프 모습으로 돌아가게 하는 데 동의하였다.

이오는 마침내 암소의 모든 모습이 사라졌다. 그리고 아버지와 자매들이 있는 곳으로 돌아갔다.

아르고스의 죽음을 슬퍼하는 헤라
페테르 파울 루벤스 (Peter Paul Rubens)

이오를 지키던 아르고스는 제우스가 보낸 헤
르메스로부터 죽임을 당한다. 이를 불쌍히 여
긴 헤라가 아르고스의 백 개의 눈을 자신의
상징인 공작의 꼬리 깃털에 장식으로 붙이는
장면을 묘사하였다.

질투의 희생양이 된 칼리스토

아르테미스를 추종하고 따르는 칼리스토에게
제우스는 아르테미스로 변신하여 칼리스토와
사랑을 나눈다. 그러나 그녀는 아르테미스의
분노와 헤라의 질투로 희생되고 만다.

아르카디아를 다스리던 리카온의 딸인 칼리스토도 헤라의 질투를
받은 미녀들 중 한 명이었다. 그녀는 순결의 처녀 신 아르테미스가 사
냥할 때 시중을 들었는데, 제우스가 칼리스토의 모습을 보고는 반하여
아르테미스의 모습으로 변신하여 접근하였다. 얼마 뒤에 제우스와 칼
리스토 사이에서 아르카스가 태어났다. 헤라는 질투심에 사로잡혀 그
녀를 곰으로 변하게 했다. 곰으로 변한 칼리스토는 홀로 숲속에서 생
활했다.

그러던 어느 날 한 젊은이가 사냥을 하다가 곰으로 변한 칼리스토

칼리스토를 발견한 제우스
니콜라스 베르헴 (Nicolaes Berchem)

'가장 아름다운'이라는 뜻의 이름을 가진 칼리스토는 사냥과 수렵의 여신 아르테미스를 추종하는 님프였다. 그녀는 아르테미스를 열렬히 추종하기에 제우스는 자신의 딸 아르테미스로 변신하여 그녀에게 접근을 한다.

와 마주쳤다.

칼리스토는 그가 자신의 아들 아르카스임을 알아보고 가까이 가려고 했다. 그러나 아르카스는 어머니인 곰을 알아보지 못하고 활을 쏘려고 했다. 그때 마침 제우스가 이 광경을 보고는 그들을 하늘로 데려다가 밤하늘의 별자리가 되게 했다. 그래서 칼리스토는 큰곰자리, 아르카스는 작은곰자리가 되었다.

칼리스토의 임신을 발견한 아르테미스
외스타슈 르 쉬외르 (Eustache Le Sueur)

칼리스토는 사냥과 처녀의 신인 아르테미스를 모시는 시녀 중 하나인 님프이다. 제우스가 그녀를 보고는 미모에 반해 자신의 딸 아르테미스로 변신하여 칼리스토에게 접근하여 사랑을 얻는다. 그러나 아르테미스는 칼리스토가 임신한 사실을 알고 무리에서 내쫓는다. 제우스와 칼리스토의 관계를 알게 된 헤라는 이때를 놓치지 않고 그녀를 곰으로 만들어 가혹한 복수를 한다. 결국 제우스는 칼리스토와 그녀의 아들 아르카스를 큰곰 별자리와 작은곰 별자리에 올려놓지만, 헤라의 방해로 두 별자리는 하늘에서만 돌 뿐 수평선에 잠기는 일이 없게 되었다.

악타이온의 죽음

단지 여신의 벗은 몸을 목격했다는 이유로
죽음을 당한 불행한 청년 악타이온의
이야기는 순결의 여신인 아르테미스의
또 다른 이면을 보여 주고 있다.

아르테미스가 자신을 따르는 숲의 님프들과 목욕을 하던 중이었다.
사냥을 나온 악타이온은 친구들과 떨어져 우연히 아르테미스의 목욕
장면을 보게 되었다. 님프들은 그를 보고 비명을 지르면서 아르테미스
쪽으로 달려가서 자신들의 몸으로 여신의 나체를 가렸다.

그러나 여신은 님프들보다 키가 컸기 때문에 머리가 그녀들 머리 위
로 나왔다.

아르테미스가 악타이온의 얼굴에 물을 끼얹으면서 말했다.

악타이온의 죽음
티치아노 (Tiziano)

"가서 아르테미스의 알몸을 보았다고 말할 수 있으면 말해 보아라."

이 말이 끝나자마자, 악타이온의 머리에서 가시가 돋친 사슴의 뿔이 나왔다. 악타이온은 얼른 그곳에서 벗어나려고 달아났다.

그는 달아나던 중에 사슴으로 변해 있었다. 겁에 질린 악타이온은 부들부들 떨고 있을 때 자신이 데려온 사냥개들이 주인임을 몰라보고 덤벼드는 것이었다. 불행한 악타이온은 여신의 벗은 몸을 본 죄로 죽음에 이르렀다.

아르테미스와 악타이온
티치아노 (Tiziano)

악타이온의 죽음에 대한 또 다른 이야기로는 자신의 사냥 솜씨가 사냥의 신인 아르테미스보다 낫다고 뽐내다가 그녀의 노여움을 사서 죽었다는 이야기가 있다. 그런데 주인인 악타이온을 물어 죽인 사냥개가 이를 슬퍼하자, 케이론이 실물과 똑같은 악타이온의 동상을 만들어 개의 슬픔을 달랬다고 한다. 일반적으로 오리온의 사냥개가 별이 되어 생긴 것으로 알려진 큰개자리가 이 사냥개의 별자리라는 이야기도 있다. 악타이온의 이야기는 후대에 많은 미술 작품의 소재가 되었으며, 그중 베네치아의 거장 티치아노가 그린 '아르테미스와 악타이온'이 유명하다.

레토 여신과 농부들

제우스가 사랑하여 아폴론과 아르테미스를
낳은 여신 레토. 그러나 헤라 여신의
끝없는 질투 속에 물마저도 마음대로
마시지 못하는 곤혹을 치른다.

레토는 제우스와 사랑하여 아폴론과 아르테미스 쌍둥이 남매를 낳았
다. 그러나 끈질긴 헤라의 질투심은 레토가 가는 곳마다 그녀를 괴롭
혔다. 레토는 갓난 아이들을 데리고 리키아의 어느 마을에 들어섰다.

그녀는 지친 몸을 이끌고 연못의 물을 마시려다 그곳의 농부들에게
제지를 당했다.

"왜 물을 먹지 못하게 하지요? 물은 누구나 마음대로 먹을 수 있는
것이오. 자연은 아무에게도 햇빛이나 공기, 물을 자신의 소유물이라고

농부들에게 벌을 내리려 빌고 있는 레토
프랑수아 마로 (François Marot)
어린 아폴론과 아르테미스를 낳은 레토가 농부들에게 물을 구하자, 헤라의
앙갚음을 두려워한 농부들은 거절한다. 이에 분노한 레토가 그들을 벌하려
고 제우스에게 비는 모습을 묘사하였다.

주장하는 것을 허용치 않습니다. 제발 목을 축이게 해주세요."

레토의 사성에노 농부들은 단호하게 거절하고 말았다. 그들은 여신
을 조롱도 하고 이곳에서 당장 물러가지 않으면 그냥 두지 않겠다고 위
협을 했다. 그뿐만이 아니었다. 그들은 연못 속에 들어가 흙탕물을 일

개구리로 변하는 농부들
예한 게오르그 플라처(Jehan Georg Platzer)

제우스와의 사이에서 아폴론과 아르테미스를 낳은 레토는 헤라의 질투를 받아 많은 박해를 받았다. 레토는 헤라의 분노를 피하여 아이가이온 해에 있는 섬을 돌아다니며 은신처를 제공해 주기를 청원하였다. 그러나 모두들 하늘의 여왕 헤라의 미움을 산 레토에게 도움의 손길을 내밀려 하지 않았다. 이는 헤라에게 화를 입을 것이 너무나 분명했기 때문이었다. 그러던 중 유일하게 델로스 섬만이 장차 탄생할 신들의 탄생지가 되기를 허락했다. 당시 이 섬은 물에 떠 있는 섬이었으나, 레토가 그곳에 도착하였을 때, 제우스는 그 섬을 견고한 쇠사슬로 해저에 붙들어 매어 사랑하는 레토를 위해 그곳을 안전한 휴식처가 되게 했다.

으켜서 먹지 못하게 하였다.

분노한 레토 여신은 손을 하늘로 향해 높이 들고 부르짖었다.

"원컨대 이자들을 이 못에서 떠나지 못하게 하여 한평생 이곳에 살게 해 주십시오!"

그러자 농부들은 개구리로 변하여 연못에서 살게 되었다.

농부들과 다투는 레토
안니발레 카라치 (Annibale Carracci)

아폴론과 다프네
테오도르 샤세리오 (Theodore Chasseriau)

　낭만주의 미술의 대표적 화가 샤세리오의 작품이다. 그는 신화적 주제를 집중적으로 탐구하였으며, 혁신적인 회화를 추구하고 전통적인 화법을 무시한 대담한 구도와 양식으로 주목받았다. 작품 속의 묘사는 태양신 아폴론이 다프네를 보고 사랑에 빠져 도망가는 그녀를 뒤쫓아 마침내 껴안으려는 순간 다프네가 월계수 나무로 변하는 과정을 보여 주고 있다. 그녀의 다리는 점차 나무로 변화하고 있다.

　무릎을 꿇은 아폴론이 그녀의 허리를 감싸 안으려는 순간의 모습을 나타내고 있으며, 배경은 어두운 수풀로 그려져 있고, 화면을 수직으로 가로지르며 길게 드리워진 다프네의 밝은 누드와 아폴론에 시선을 집중시키고 있다.

오비디우스의 변신 이야기

| 제4장 |

욕망이 낳은 불행

MYTHS
OF
GREECE
AND
ROME

파에톤과 아폴론

아폴론의 아들 파에톤은
아버지의 얼굴도 모른 채 성장하여
자신의 정체성을 찾기 위해
태양 궁전을 향해 모험을 떠난다.

파에톤은 아폴론과 님프 클리메네 사이에서 태어난 아들이다. 어느 날, 파에톤이 친구에게 자신은 태양신의 아들이라고 했다가 거짓말쟁이라는 모욕을 당했다. 이에 파에톤은 화가 나고 부끄러운 나머지 집으로 돌아가 어머니 클리메네에게 이렇게 말했다.

"만일 제가 태양신의 아들이라면. 그 증거를 보여 주십시오."

클리메네는 하늘을 향해 손을 들고 말했다.

"너는 틀림없는 태양신의 아들이다. 태양이 떠오르는 나라로 가서 태

클리메네와 파에톤
무명의 판화작품

클리메네가 그녀의 아들 파에톤에게 하늘의 태양 마차를 가리키는 동판화 그림이다. 태양신 아폴론과 바다의 님프 클리메네 사이에서 태어난 파에톤은 아폴론의 신분상 어머니 클리메네 혼자서 키우게 되었다. 파에톤은 친구들로부터 그의 아버지가 아폴론이라는 걸 거짓말이라 조롱을 받게 된다. 클리메네는 아들의 눈물을 닦아 주려고 아폴론에 대해 자세히 알려 준다.

양신에게 너를 사신의 아들로 인정하느냐고 물어 보아라.”

파에톤은 바로 해 뜨는 곳에 해당하는 인도를 향해 길을 떠났다. 그리고 갖은 고생 끝에 아폴론이 하루를 시작하는 왕국에 도착하여 아버

아폴론 앞에 선 파에톤
니콜라 푸생 (Nicolas Poussin)

어머니 클리메네로부터 아버지 아폴론의 거처로 갈 수 있는 방법을 안 파에톤이 천신만고 끝에 아폴론의 태양궁전에 도착하여 아버지 아폴론을 만나는 장면이다.

지를 만났다.

"오, 빛나는 태양의 신이시여! 제가 당신의 아들인지 알고 싶어 여기까지 왔습니다."

아폴론은 파에톤을 끌어안으면서 그를 반겼다. 이렇게 해서 파에톤은 아버지 아폴론을 만나게 되었다.

파에톤과 태양마차

아폴론은 무심코 아들에게 한 약속 때문에
파에톤의 소원을 안 들어줄 수가 없었다.
왜냐하면 그 약속은 무서운 스틱스 강(저승의 강)을
두고 약속했기 때문이다.

아폴론은 아들 파에톤에게 어떤 소원이라도 들어줄 것을 약속했다.
이에 신이 난 파에톤은 태양마차를 몰게 해 달라고 말했다.

아폴론은 그것만은 위험하다고 다른 소원을 들어줄 것을 원했지만
파에톤은 거절했다.

아폴론은 자신의 약속을 번복하기가 힘들었다. 이윽고 태양마차를
타게 된 파에톤은 세상 전부를 얻은 것 같았다.

그러나 파에톤이 마차에 타자, 말들은 전보다 마차의 무게가 가벼워

태양마차와 아폴론과 파에톤
벤자민 웨스트 (Benjamin West)

태양마차가 새겨진 그리스 도기

진 것을 느꼈다. 말들이 함부로 돌진하였기 때문에 평소의 궤도를 벗어나게 되었다.

파에톤은 깜짝 놀라 어떻게 말을 몰아야 할지 몰랐다. 설령 알았다고 하더라도 힘이 부족했다. 이에 놀란 제우스는 하늘에서 번개를 내렸다. 태양마차는 땅과 너무 가까이 달려 대지는 온통 불가마가 되었다. 땅에 있던 모든 생명들은 타 들어 갔다.

제우스의 번개를 맞은 파에톤은 절명하였고, 마부석에서 떨어졌다. 파에톤의 머리털에 불이 붙었고, 하늘에 빛나는 꼬리를 그으면서 추락하는 유성처럼 거꾸로 떨어졌다.

파에톤의 추락
세바스티아노 리치 (Sebastiano Ricci)

파에톤의 추락
페테르 파울 루벤스 (Peter Paul Rubens)

디오니소스와 미다스

'미다스의 손(Midas touch)'이라는 말이 있다.
손대는 일마다 큰 성공을 거둬서 엄청난 재정적
이익을 내는 사람에게 이런 수식어를 붙이곤 한다.
그러나 여기에는 개인의 욕망과 뒤늦은 참회의
이야기가 있다.

미다스는 디오니소스의 양아버지를 극진히 돌본 덕에 디오니소스로
부터 한 가지 소원을 들어 주겠다는 약속을 받게 되었다. 이에 미다스는
무엇이든 자기의 손이 닿는 것은 황금으로 변하게 해 달라고 요청했다.

미다스가 돌아오는 길에 참나무 가지를 꺾자마자 손에서 황금가지
로 변했다. 미다스의 기쁨은 이루 말할 수 없었다. 왕궁으로 돌아온 미
다스는 하인들에게 맛있는 음식을 장만하라고 명했다. 그런데 놀라운
일이 벌어졌다. 그가 빵을 만지면 그것이 손 안에서 단단한 황금이 되

황금으로 변하는 미다스의 딸
월터 크레인 (Walter Crane)

미다스 왕이 자신의 사랑하는 딸을 안자 황금
으로 변하는 장면을 묘사하였다.

었고, 또 음식을 입술에 가져가도 곧 황금으로 굳어 먹을 수가 없었다.
심지어 사랑하는 딸을 만지자 그녀도 황금으로 변했다.

　상상도 못한 일에 크게 놀라 간담이 서늘해진 미다스는 그 마력의
고통에서 벗어나려고 애를 썼다. 미다스는 양 팔을 들고 이 황금의 마
력으로부터 구원해 달라고 디오니소스 신에게 기도를 하며 애원했다.

　디오니소스는 미다스의 호소를 듣자, '파크톨로스 강이 처음 시작
되는 곳에서 머리와 몸을 물속에 담그고, 그대의 죄와 벌을 씻어라.'고
했다. 미다스는 디오니소스가 일러준 대로 하여 황금의 마법에서 벗어
나게 되었다.

회개하는 미다스 왕
바르톨로메오 만프레디 (Bartolomeo Manfredi)

미다스가 강물에 손을 담그자, 황금으로 변하게 하는 힘은 물 속으로 사라졌다. 그때 모래가 황금으로 변했는데, 그 금모래는 현재까지 그대로 남아 있다.

미다스는 당나귀 귀

아폴론 신에게 대항한 죄로 귀가 길어진
미다스의 이야기는 우리 신화에 나오는
경문왕(신라 시대)의 '임금님 귀는 당나귀 귀'와
맥락을 같이하고 있다.

시링크스라는 피리를 잘 부는 판이 무모하게도 리라의 신인 아폴론에게 연주 시합을 하자고 도전했다.

아폴론은 이 도전에 응하고 산신인 트몰로스에게 심판을 보라고 했다. 시작 신호가 나자, 먼저 판이 피리를 불었다. 꾸밈없는 피리 소리는 자신과 그곳에 앉아 응원하던 미다스를 크게 만족시켰다. 그 다음, 아폴론이 왼손으로 리라를 들고 오른손으로는 현을 타기 시작했다.

리라의 연주 소리가 너무 좋아 정신을 잃을 정도였던 트몰로스는

아폴론과 미다스와 판
프리마티초 (Primaticcio)

아폴론과 판의 연주 시합에서 다른 심판자와 달리 판의 추종자인 미다스가 판의 연주 실력이
뛰어나다고 가리키는 장면이다. 미다스는 머리에 넓은 수건을 쓰고 자신의 귀를 감추었다. 그
러나 단 한 사람, 그의 이발사만이 그 비밀을 알고 있었다. 이발사는 그 비밀을 입 밖에 내서
는 안된다는 미다스의 명령을 받았고, 복종하지 않으면 엄벌에 처한다는 협박을 받았다. 그
러나 이발사는 이 비밀을 말하고 싶어서 견딜 수가 없었다. 그래서 그는 초원으로 나가 땅에
구덩이를 파고 그 위에 몸을 구부려 비밀을 속삭이고는 다시 흙으로 구덩이를 덮었다. 그 후
얼마 지나지 않아 초원에 갈대가 무성하게 자랐다. 그러자 갈대가 그 비밀을 속삭이기 시작
하더니, 지금까지도 바람이 갈대를 스치고 지나갈 때마다 "미다스 대왕님 귀는 당나귀 귀"라
고 계속 속삭이고 있다.

즉석에서 아폴론의 승리를 선언했다. 미다스만이 그 판정을 인정하지

않았다. 미다스는 이의를 달면서 심판의 판정에 불만을 표시했다. 그

러자 아폴론은 이처럼 음악에 무지한 귀를 더는 그대로 두어서는 안되

겠다고 생각했다.

그는 미다스의 귀를 크게 늘이고 안팎으로 털이 나게 하였으며, 귓

불 쪽이 움직이게 하여 당나귀 귀와 똑같이 만들어 버렸다. 미다스 왕

아폴론과 미다스
아콥 요르단스 (Jacob Jordaens)

은 이러한 재난을 당하자 몹시 기분이 상했지만, 그 귀를 숨길 수 있다
고 생각하고는 스스로를 달랬다.

필레몬과 바우키스

평생을 사랑하고 의지해 온
필레몬과 바우키스
노부부는 뜻하지 않은 손님의 방문으로 그들이
바라는 '한 날 한 시에 함께 죽는' 소원을 이룬다.

제우스는 어느 날 인간의 모습으로 변신하여 헤르메스와 함께 프리
기아의 어느 마을을 지나게 되었다.

그들은 피로한 나그네가 되어 하룻저녁 쉴 곳을 찾아 이집저집 문전
을 기웃거렸으나, 주민들은 몰인정하여 문을 열고 그들을 받아들이려
하지 않았다.

마침내 한 보잘것없는 오막살이 집이 그들을 맞아 주었다. 그 집에
는 결혼하여 늘그막까지 같이 살고 있는 노파 바우키스와 그의 남편 필

대접을 받는 제우스와 헤르메스
안드레아 아피아니 (Andrea Appiani)

필레몬과 바우키스 노부부가 정성을 다하여 손님
을 맞는 장면이다.

레몬이 있었다.

그들은 가난을 부끄럽게 여기지 않고 욕심 없이 친절한 마음으로 가난을 이기며 살아왔다. 제우스와 헤르메스가 머리를 숙이고 초라한 그 집의 얕은 대문을 들어섰을 때, 늙은 부부는 정성을 다하여 손님을 맞이하였다. 늙은 부부는 집을 지키는 신처럼 거위를 기르고 있었다.

그러나 늙은 부부는 거위를 잡아서 손님인 신들을 대접하려고 했다. 거위는 빠른 발과 날개로 달아나 제우스가 구해 주었다.

다음 날 제우스는 노부부를 데리고 산 위로 올랐다. 얼마 후 폭풍이 몰아치더니 순식간에 마을이 떠내려가 흔적도 남지 않았다

폭우를 내리는 제우스
페테르 파울 루벤스 (Peter Paul Rubens)

제우스가 필레몬과 바우키스 노부부를 높은 산으로 피신시키고 간밤에 자신을 홀대했던 마을을 폭우로 벌하는 장면을 묘사한 그림이다. 필레몬과 바우키스는 제우스의 배려로 신전을 지키는 사제의 일을 하였고, 두 사람이 죽을 때 서로 한 몸이 되는 나무로 변하였다. 티니아 지방에 가면 양치기들이 지금도 이 선량한 노부부가 변신하여 가지런히 서 있는 두 그루의 나무가 있는 곳으로 안내한다고 한다.

필레몬과 바우키스의 집을 방문한 제우스와 헤르메스
아담 엘스하이머 (Adam Elsheimer)

제우스와 헤르메스가 변장하여 프리기아를 방문했을 때 노부부인 필레몬과
바우키스 집에서 환대를 받는 장면의 그림이다. 제우스와 헤르메스는 인간들
의 마을에 내려와 하룻밤을 지새우려 집집마다 문을 두드렸지만 모두들 문
을 열어주지 않고 냉담하기까지 했다. 그러던 차에 필레몬과 바우키스의 노
부부는 제우스와 헤르메스를 환대하였고, 없는 형편이었으나 정성껏 두 신을
대접하였다. 제우스는 매정한 인간들을 홍수로 벌할 때 두 사람은 화를 피하
게 해 주었다.

그림에는 초라하지만 온화하고 따뜻한 정감이 넘쳐난다. 노부부는 신들에
게 대접할 음식이 별로 없자 거위를 잡아 대접하려 하자 눈치를 챈 거위는 제
우스를 향하고 있다. 렘브란트의 빛의 화풍처럼 빛나는 수작이다.

오비디우스의 변신 이야기

| 제5장 |

신들의 탐욕과 사랑

MYTHS
O   F
GREECE
A   N   D
ROME

페르세포네의 납치

지하세계의 신인 하데스의
페르세포네 납치와
그녀의 어머니 데메테르 사이에서
벌어지는 모성애와 탐욕의 전쟁

하데스는 신들과의 싸움에서 진 괴물이 추락할 때 땅을 심하게 흔들어서 지하세계의 왕인 자신도 놀랐다.

하데스는 땅이 갈라져 자신의 왕국이 백일하에 폭로되지나 않을까 하고 걱정되어 검은 말들이 이끄는 이륜전차를 타고 피해 정도를 확인하기 위해 지상으로 나왔다. 그때 미의 여신 아프로디테는 하데스를 보고 자신의 아들인 에로스에게 말했다.

페르세포네를 납치하는 하데스 조각상
로렌조 베르니니 (Lorenzo Bernini)

마치 살아 있는 조각상처럼 살집이 집히는 베르니니의 역작이다.

　"아들아, 제우스 다음으로 힘이 센 지하세계의 왕이다. 우리의 힘을
보여 주자."

　에로스는 화살통을 풀어 가장 예리하고 잘 맞는 화살을 하나 골랐다.
그는 신중하게 겨누어 비늘 돋친 화살을 하데스의 가슴에 정통으로 쏘
았다. 이 화살을 맞으면 처음으로 본 이성에게 빠지는 묘약과도 같은
화살이었다.

페르세포네의 납치
니콜라스 미냐르 (Nicolas Mignard)

하데스는 땅 속의 저승세계를 지배하는 왕으로 죽은 자들은 하데스의 심판을 받는다. 에로스의 화살을 맞은 하데스는 엔나 골짜기에 나와 꽃을 꺾으려고 하는 페르세포네를 보고 연정을 느껴 그녀를 납치하게 된다.

하데스는 마침 엔나 골짜기서 꽃을 따려는 페르세포네를 발견했다.

그리고 하데스가 그녀를 보자마자 사랑을 느껴 얼른 납치했다. 그녀는 살려 달라고 외쳤다. 그러나 하데스는 마차를 끄는 말들의 이름을 부르며 말고삐를 마구 당기면서 지하세계로 도망쳤다.

아레투사와 알페이오스

유괴당한 딸의 행방을 알려준 최초의 제보자
샘의 요정 아레투사.
그녀는 강의 신 알페이오스의
집요함을 따돌리고 데메테르를 만나게 된다.

딸을 잃어버린 대지의 여신 데메테르는 딸을 찾기 위해 온 세상을 헤맸다.

그러던 중 샘의 요정인 아레투사를 만났다.

아레투사는 다음과 같이 말했다.

"저는 땅속 반대편에 있었는데, 저를 괴롭히며 유혹하려는 강의 신 알페이오스를 만나게 되었습니다.

그는 자신의 물로 저의 물에 섞이려고 했습니다. 나는 몹시 지쳐서 아

데메테르의 절규
에블린 드 모건 (Evelyn De Morgan)

잃어버린 딸 페르세포네를 찾기 위한 데메테르의 절규가 잘 드러난 작품이다.

르테미스님에게 구원을 청했습니다.

'아르테미스 여신님! 나를 살려주십시오. 당신의 열렬한 숭배자인 나를 살려주십시오.'

그러자 여신은 나를 검은 구름으로 쌌습니다. 강의 신은 이곳저곳 둘

아레투사를 보호하는 아르테미스
샤를 알렉상드르 크로크 (Charles Alexandre Crauk)

알페이오스에게 쫓기는 아레투사를 위해 아르테미스가 연기를 피워 가리는 장면이다.

러보았습니다. 그리고 두 번이나 내 곁에 왔었지만 나를 발견하지 못했습니다. 저는 대지의 밑바닥을 지날 때 따님 페르세포네를 보았습니다. 따님은 슬픈 안색이었으나 놀란 기색은 보이지 않았습니다. 따님은 여왕이 된 것같이 보였습니다."

데메테르는 이 말을 듣고 한동안 얼이 빠져 멍하니 서 있다가, 이륜마차를 하늘로 돌려 말들을 재촉해 제우스의 옥좌 앞으로 달려갔다.

데메테르와 페르세포네의 만남

데메테르의 자식 사랑은
결국 수렁에 빠진 페르세포네를
건지게 된다. 그러나 ….

자신의 불행한 처지를 말하고 딸을 도로 찾아오는 데 도와 달라고 애원했다. 제우스는 페르세포네가 지하세계에 머무는 동안에 아무것도 먹지 않았다면 가능한 일이라고 하면서 도와주겠다고 했다.

그러나 데메테르의 희망은 좌절되었다. 페르세포네는 지하세계에 머물면서 하데스가 건네준 석류 알맹이의 과즙을 먹은 후였다.

제우스의 명을 받은 헤르메스는 봄의 여신을 데리고 명부로 가서 하데스에게 페르세포네를 어머니 데메테르에게로 돌려보내라고 요구

페르세포네
단테 가브리엘 로세티
(Dante Gabriel Rossetti)

페르세포네가 명부에서 석류를 먹는
장면이다.

하였다. 교활한 하데스는 허락했지만 이미 페르세포네가 석류 과즙을 먹었기에 완전한 구출은 불가능해졌다.

그래서 타협안으로 반년은 어머니와 지내고 반년은 남편과 지내기로 합의하였다.

데메테르는 이 타협에 응하고, 땅에 이전과 같은 은총을 베풀었다.

페르세포네를 만나는 데메테르
프레데릭 레이튼(Frederic Leighton)

헤르메스의 도움을 받아 지상에 나온 페르세포네가 어머니 데메테르를 만나는 장면이다.

글라우코스와 스킬라

사랑은 결코 아름답지 않다.
더욱이 짝사랑은 이성을 마비시키고
자신과 상대에게 치명적 결과를 초래한다.
짝사랑에 눈먼 글라우코스와 연정의
상대인 스킬라가 펼치는 비극적 이야기이다.

글라우코스는 어부였다. 하루는 강둑에서 물고기를 잡다 이상한 힘에 이끌려 몸이 변하고 말았다. 머리카락은 바다색이 되었고 물 위에 길게 드리워져 있었다. 어깨는 넓어졌고, 가랑이와 다리는 물고기 꼬리처럼 되어 있었다. 바다의 신들은 그런 그의 모습을 칭찬했다.

어느 날 글라우코스는 스킬라라는 아름다운 처녀를 보게 되었다. 글라우코스는 첫눈에 그녀에게 반해 버렸다. 그는 물 위로 모습을 나타내고 그녀에게 말을 걸었다. 그렇지만 그녀는 그를 보자마자 기겁을 하고

글라우코스와 스킬라
바르톨로메우스 스프랑헤르 (Bartholomaeus Spranger)

스킬라에게 자신의 연정을 고백하는 글라우코스
야코포 키멘티 (Jacopo Chimenti)

어부였던 글라우코스는 뜻하지 않은 변신으로 괴물의 모습을 갖추게 된다. 그러나 마음만은 사람의 연정을 못 버린다. 그는 연정을 품은 스킬라에게 고백을 하지만 매몰차게 거절을 당한다.

달아나다가 바다가 내려보이는 절벽에 이르자 하는 수 없이 발을 멈추었다. 스킬라는 자기에게 말을 건 자가 신인지 바다의 괴물인지를 확인하려고 몸을 돌렸다. 글라우코스는 신체의 일부를 물 위에 드러내고, 바위에 의지하여 말했다.

"아가씨, 나는 괴물이 아니오. 나는 신이오. 이전에는 나도 인간이었소."

그가 말을 계속했으나, 스킬라는 돌아서서 달아나 버렸다. 크게 실망한 글라우코스는 문득 여신이자 마녀인 키르케에게 부탁해야겠다는 생각이 들었다.

글라우코스와 키르케

남의 사랑은 왠지 더 아름답고 시샘을 느끼게 한다.
키르케는 글라우코스의 애타는
사랑에 그를 사랑하게 되었다.
그리고 연정의 상대인 스킬라에게 질투를 느끼게 된다.

키르케를 만난 글라우코스는 최대한의 예의를 표하며 말했다.

"여신이여, 제발 나를 불쌍히 여기소서! 당신만이 내 고통을 덜어 줄수 있습니다. 저는 스킬라를 사랑합니다. 스킬라의 마음에 사랑을 심어 내가 그녀를 사랑하는 만큼 그녀가 나를 사랑하게 해 주십시오."

키르케는 정중히 말을 하는 글라우코스의 매력에 흠뻑 빠져 반해 있었다.

키르케가 대답했다.

키르케
바르톨로메우스 스프랑헤르 (Bartholomaeus Spranger)

　"당신은 달아나는 사람을 구하기보다 당신을 따르는 애인을 구하는 것이 더 좋을 것이오. 당신 자신은 애써 쫓지 않아도 당신을 바라는 상대가 있습니다."

키르케
도소 도시 (Dosso Dossi), 1623년경.

태양의 신 아폴론의 딸로 눈이 부실 정도의 외모를 지녔으나 동물로 바꾸는 마법을 부리는 마녀로 등장하고 있다. 키르케는 전설의 성 아이아이아(라티움 근교의 키르케이곶)에 살면서 그 섬에 오는 사람들에게 마법을 걸어 동물로 변신시켜 사육한다.

이 말에 글라우코스는 이렇게 대답했다.

"바다 밑바닥에 나무가 자라고 산꼭대기에 해초가 날 때가 올지라도 내가 스킬라를 사랑하는 마음은 변함이 없을 것이오."

키르케는 자존심이 상했다.

그러나 그녀는 글라우코스를 벌하기를 원치도 않았다. 왜냐하면 그러기에는 키르케가 너무 그를 좋아하였기 때문이었다. 마법사인 키르케 여신은 자신의 분노를 가엾은 스킬라에게 모두 돌리기로 마음먹었다.

키르케와 스킬라

여인의 질투는 무쇠로 된 칼보다
예리하다. 결국 스킬라는 뜻하지 않은
희생의 제물이 되고 만다.

　더운 날이면 스킬라가 바닷바람을 쐬러 나오거나 목욕을 하기 위해
서 자주 들르는 조그만 만이 있었다. 그 바닷물에다 키르케는 독이 있
는 풀들을 풀고 강력한 마력을 가진 주문을 외었다. 스킬라는 이전과
같이 그곳에 와서 물속에 몸을 담그고 있었다. 그때 그녀는 한 떼의 뱀
과 소리 높이 짖어 대는 괴물을 보았다. 그녀는 무섭고 두려워서 어쩔
줄 몰랐다. 처음에는 그들이 자기 몸의 일부인 것을 스킬라는 꿈에도
생각지 못하고 그들로부터 도망가려고 달아났다. 그러나 그들도 키르

키르케
존 윌리엄 워터하우스
(John William Waterhouse)

괴물로 변하는 스킬라 청동 부조상

케의 몸에 붙어 왔다. 그녀는 자기의 온몸에 손을 대어 보았다. 그러나 그것은 자기의 몸이 아니고 괴물들의 커다란 턱이었다.

스킬라는 뿌리박힌 듯이 그곳에 서서 꼼짝하지 않았다.

그녀는 더는 움직이지 않고 남아 있게 되었다. 그리고 성질도 외모와 다름이 없이 추악하게 되었고, 그곳을 지나가는 운이 없는 뱃사공들을 손에 닿는 대로 잡아먹는 데 즐거움을 느꼈다.

마침내 스킬라는 커다란 바위로 변했고, 지금도 배를 난파시키는 암초로서 선원들의 공포의 대상이 되고 있다.

스킬라의 집에 온 키르케
존 스트루드위크 (John Melhuish Strudwick)

그리스 신화에는 마법을 부리는 마녀가 많이 등장하지 않는다. 그런데 키르케는 몇 안되는 마녀 중 한 명이다. 그녀는 글라우코스를 사랑하게 되었고, 글라우코스는 스킬라를 사랑했다. 이러한 사랑의 삼각관계 속에서 키르케의 선택은 스킬라의 아름다움을 추하게 만들고 배를 난파시키는 암초로 만든다. 그러나 글라우코스는 이를 슬퍼하며 키르케의 잔인함을 피해 멀리 도망간다. 키르케는 연적을 제거했으나 사랑하는 이를 얻지 못한다. 스킬라는 원하지도 않은 사랑 다툼에 휘말리게 되었고, 그로 인해 자신은 괴물로 변하여 신화 속의 인물이 되었다.

케팔로스와 에오스

*사랑과 전쟁은 때로는 가혹할 정도로 참혹하다.
자신의 사랑이 거절당하자 새벽의 여신 에오스는
가공할 저주를 케팔로스에게 퍼부었다.*

케팔로스는 잘생긴 젊은이로 사냥을 좋아했다. 그는 해가 뜨기 전에 일어나서 짐승을 추격하기가 일쑤였다. 새벽의 여신 에오스가 처음으로 지상에 얼굴을 나타낼 때마다 케팔로스를 보게 되었고, 결국 그를 사랑하게 되어 마침내 그를 납치해 버렸다. 그러나 케팔로스는 아름다운 아내와 결혼한 지 얼마 되지 않을 때였다. 그 아내의 이름은 프로크리스였다. 그녀는 수렵의 여신인 아르테미스의 총애를 받던 여인이었다.

에오스에게 납치된 케팔로스는 아내를 사랑하였으므로 여신의 사랑

케팔로스에게 창을 주는 프로크리스
필리프 드 샹파뉴 (Philippe de Champaigne)

을 받아들이지 않았다. 에오스는 화가 났다.

　"가거라, 어리석은 녀석아! 그러나 반드시 아내에게 돌아간 것을 후
회할 때가 올 것이다."

　에오스는 케팔로스에게 저주를 퍼부었다.

케팔로스와 에오스
프랑수아 부셰 (François Boucher)

케팔로스와 프로크리스

*에오스의 저주로 케팔로스는 사랑하는
아내 프로크리스를 잃고 만다.
그것도 케팔로스 자신의 손으로 그녀를 죽이는
비극적 저주의 종말을 맞이하고 말았다.*

케팔로스는 무사히 집으로 돌아왔다. 그리고 전과 같이 아내와 더불어 사냥을 즐기며 행복한 생활을 했다. 케팔로스는 평소처럼 사냥을 하다 지치면 시냇물이 흐르는 그늘진 숲에 누워 옷을 벗고 서늘한 바람을 즐기며 큰 소리로 외쳤다.

"오라, 산들바람아! 와서 내 가슴을 부채질해 다오!"

어떤 사람이 그곳을 지나가다가 케팔로스가 이와 같이 미풍을 향해 이야기하는 것을 듣고는 어리석게도 어떤 처녀와 사랑을 하는 줄 알았

투창에 맞은 프로크리스
파올로 베로네세 (Paolo Veronese)

다. 그리고 이 이야기를 프로크리스에게 가서 말했다.

프로크리스는 믿지 않았으나 다음 날이 되자 케팔로스를 미행했다. 얼마 후 케팔로스는 허공에다 소리쳤다.

이렇게 바람에게 말하고 있을 때, 갑자기 숲속 어디선가에서 흐느끼는 소리가 어렴풋이 들려왔다. 그 순간, 케팔로스는 들짐승이라 생각하고는 소리가 나는 곳을 향하여 프로크리스가 선물로 준 창을 힘껏 던

프로크리스의 죽음에 놀라는 케팔로스
아브라함 얀선스 (Abraham Janssens)

잘생기고 건강한 남자인 케팔로스는 새벽의 여신 에오스에게 구애를
받는다. 그러나 사랑하는 아내 프로크리스를 향한 케팔로스의 마음 때
문에 에오스는 그를 단념하지만 무서운 저주를 내린다. 그리하여 프로
크리스는 한순간의 의심으로 자신이 선물로 준 창에 맞아 비극적 운명
을 맞고 만다.

졌다. 창이 날아간 곳에서 외마디 소리가 들렸고, 던진 창이 표적을 정
확하게 맞혔다는 것을 알 수 있었다.

케팔로스는 창이 날아간 장소로 달려갔다. 그런데 프로크리스가 창
에 맞아 피를 흘리면서 쓰러져 있었다.

아도니스와 아프로디테

유리 그릇처럼 사랑은 깨지기 쉽다.
미의 여신 아프로디테는 자신의
유리 그릇과 같은 사랑을 지키려 했으나,
한순간의 방심에 유리 그릇은 깨지고 만다.

어느 날 아프로디테는 아들 에로스와 놀다가 아들이 가지고 있던 화살에 상처를 입고 말았다. 상처를 입은 아프로디테는 아도니스를 처음 보았고 첫눈에 반해 버렸다. 늘 사냥을 하던 아도니스에게 아프로디테는 이렇게 말했다.

"자연이 준 무서운 무기로 무장한 짐승들은 공격하지 마라. 네가 그런 위험한 짐승들을 사냥하여 용감한 사냥꾼이라는 평판을 듣게 된다 하더라도 나는 그것을 결코 원하지 않는다."

아프로디테와 아도니스
페테르 파울 루벤스 (Peter Paul Rubens)

아프로디테는 다짐을 받은 뒤 백조가 끄는 이륜마차를 타고 천상으로 올라갔다. 그러나 아도니스는 아프로디테의 충고를 지키지 않고 산돼지 사냥을 하다 그만 옆구리를 받혀 쓰러졌다. 하늘에서 내려다보던 아프로디테는 피투성이가 되어 이미 숨을 거둔 아도니스를 발견하자, 그의 가슴 위에 엎드려 머리를 쥐어뜯었다. 그녀는 운명의 여신을 원망하며 이렇게 말했다.

"이번은 운명의 여신이 이겼다. 그러나 내 슬픔의 표적은 없어지지 않고 언제까지나 남을 것이다. 아도니스! 너의 죽음과 나의 슬픔이 매년 새롭게 되살아날 것이다."

아도니스의 죽음에 달려오는 아프로디테
야코포 장기디 베르토자 (Jacopo Zanguidi Bertoja)

아도니스가 죽고 그가 흘린 피에서 아네모네가 피었다. 이 아네모네를 바람꽃이라도 부른다. 아네모네가 바람에 따라 꽃을 피우고 지기를 반복하는 것을 두고 사람들은 죽음과 부활을 연관 짓기도 했다. 그리스에 전해지는 이야기 중에 아도니스가 일 년의 절반, 또는 일 년의 3분의 1을 저승의 왕비 페르세포네 옆에서 지내다가 나머지는 이승의 아프로디테 옆에서 살았다는 이야기가 있다. 이는 땅속에서 살다가 싹을 틔워 땅 위에서 살아가는 씨앗의 일생을 연상하게 한다.

피라모스와 티스베

세익스피어의 '로미오와 줄리엣'의 원전인
피라모스와 티스베의 사랑 이야기는
죽음도 끊을 수 없는 사랑을 묘사하고 있다.

　바빌로니아에 사는 청년 피라모스와 아름다운 처녀 티스베는 서로 사랑했다. 두 사람은 결혼을 하고 싶어 했지만 부모들이 결혼을 반대했다.

　그들이 사는 두 집의 벽 사이에는 조그만 구멍이 나 있었다. 두 사람은 구멍을 통해 사랑을 나누었다. 그리고 마을에서 멀리 떨어진 곳에 있는 니노스의 묘라고 하는 유명한 왕릉에 있는 나무 밑에서 만나기로 했다. 그 나무는 잎이 흰 뽕나무였고 시원한 샘 옆에 서 있었다.

　다음날 밤, 티스베가 먼저 얼굴을 베일로 가리고 조심스럽게 집을 빠

벽에 기대어 사랑을 나누는 티스베
존 윌리엄 워터하우스 (John William Waterhouse)

피라모스의 뒤를 이어 자결하는 티스베
피에르 고테로 (Pierre Gautherot)

피라모스와 티스베의 이야기는 셰익스피어의 '로미오와 줄리엣' 이야기의 원형이다. 이 이야기는 로미오와 줄리엣의 이야기보다 오히려 더 비극적이고 슬프게 끝난다. 로미오와 줄리엣 가문의 가장 몬터규와 캐풀렛은 자식들이 죽자 그동안 자신들의 불화를 후회하고 서로 화해한다. 하지만 피라모스와 티스베 가문은 자식들의 사랑에 감동은 하지만 서로 화해하지 않는다. 그래서 피라모스와 티스베의 사랑은 더 비극적이고 아름다워 보인다. 이루어질 수 없어 죽음에 이른 사랑이기에 더욱 슬픈 사랑이다.

져 나와 약속 장소에서 기다리다가 무서운 사자가 다가오자 자리를 피했다. 그때 그녀는 허둥대다 베일을 떨어뜨렸다.

피라모스가 약속 장소에 왔지만 티스베는 보이지 않고 찢어진 그녀의 베일만 발견하였다. 피라모스는 그녀가 사자에게 잡혀 먹힌 줄 알고 그녀의 뒤를 따라 죽기로 하였다. 사자를 피해 잠시 자리를 비운 티스베가 약속 장소로 돌아왔을 때 그곳에는 피라모스가 쓰러져 있었다. 그녀는 자신이 죽은 줄 알고 자결한 피라모스를 보며 자신도 그의 뒤를 따랐다.

케익스와 알키오네

사랑하는 사이는 예민한 예지와 감각을
갖게 한다. 이별을 예감한 알키오네는 케익스의
출항을 만류했지만 그녀가 할 수 있는 일은
헤라 여신에게 무사함을 비는 일이었다.

테살로니아의 왕 케익스는 바람의 신 아이올리스의 딸 알키오네와
결혼했다. 케익스는 아폴론의 신탁을 받기 위해 항해를 해야 했다. 그
런데 알키오네는 바다의 위험을 알기 때문에 반대했다.

알키오네는 남편의 여행을 중지시키기 위해 자기가 아버지 아이올
리스와 함께 있을 때 겪은 무서운 바람 이야기를 하며 적극적으로 말
렸다. 그러나 신의 신탁을 받기 위해서는 감당할 일이라며 케익스는
여행을 떠났다.

케잌스의 출항
비토레 카르파치오 (Vittore Carpaccio)

알키오네의 반대에도 불구하고 케잌스가 신탁을 받기 위해 출발하는 장면을 그렸다.

알키오네는 남편의 모습이 사라질 때까지 항구에 남아 있었다.

케잌스를 태운 배는 순풍의 돛을 달고 바다 한가운데로 나아갔다. 그
런데 얼마 후 바다의 파도가 거세지더니 돌풍이 불기 시작했다. 선원

케익스의 출항을 지켜보는 알키오네
허버트 제임스 드레이퍼 (Herbert James Draper)

케익스와 알키오네는 너무나 사랑하여 서로를 제우스와 헤라로 부르다가 신들의 분노를 사
게 된다. 알키오네는 자신의 만류에도 불구하고 출항하는 케익스에게 불안을 느끼지만 헤라
에게 기도를 하며 그를 기다린다.

들은 저마다 노를 단단히 쥐거나 허술한 곳을 보강하고 돛을 줄이기에
정신이 없었다. 파도는 더욱더 거칠어졌다.

배는 마치 사냥꾼의 창끝에 찔려 맹렬히 돌진하는 야수처럼 보이기
시작했다. 결국 배는 폭풍우에 항복하여 난파당했다. 알키오네는 사랑
하는 남편 케익스가 무사히 돌아오도록 헤라 여신에게 빌었다.

꿈의 신 모르페우스

꿈은 또 다른 현실이 되기도 한다.
꿈의 신 모르페우스는 알키오네의 꿈 속에
케익스의 분신으로 나타나 이별을 고한다.

헤라는 무지개의 여신 이리스를 잠의 신 히프노스에게 보냈다. 히프노스가 살고 있는 곳은 고요했다. 이리스가 들어와서 주위에 모여드는 꿈들을 모두 쓸어 버리자, 동굴은 무지개 빛으로 가득 찼다.

그러자 잠의 신 히프노스가 겨우 눈을 뜨며 정신을 차리고 이리스에게 무슨 일이냐고 물었다.

이리스는 정중히 대답했다.

"신들 중에서도 가장 점잖고 마음을 안정시키며 고뇌에 지친 가슴을

잠의 신을 깨우는 이리스
르네 앙투안 우아스(Rene Antoine Houasse)

위로해 주는 히프노스여! 헤라께서 당신에게 트라키아에 살고 있는 알
키오네에게 꿈을 보내, 그녀의 죽은 남편과 배가 난파한 모든 일을 알
리라는 분부이십니다."

　히프노스는 자식들 중에서 아들 모르페우스를 불렀다. 모르페우스
는 어떤 인물이든 용모, 말솜씨뿐만 아니라 태도까지도 완벽하게 흉내
낼 수 있었다. 히프노스는 꿈의 신 모르페우스를 알키오네에게 보냈다.

물총새가 된 케익스와 알키오네

비극적 사랑이 남긴 것은 때로는 아름다움으로
승화될 수 있다. 알키오네와 케익스의 사랑은
물총새로 현신하여 대미를 장식한다.

모르페우스는 창백한 케익스의 얼굴로 변신하여 잠자는 알키오네의 침대에 다가가 말했다.

"가엾은 나의 아내여, 이 케익스를 알아보겠는가? 나는 죽었다. 내가 돌아오리라는 헛된 희망을 버리시오."

알키오네는 꿈속에서 눈물을 흘리며 남편을 불렀다.

"기다려요! 당신은 어디로 가려고 하십니까? 저도 데려가요!"

그녀는 자신의 목소리에 잠이 깼고, 일어나자마자 남편을 찾으려

케익스의 죽음을 발견한 알키오네
영국의 풍경화가 리차드 윌슨 (Richard Wilson)

풍랑에 떠밀려 온 케익스의 죽음을 바라보고 오열하는 알키오네의 장면을 묘사한 그림이다.

고 주위를 둘러보았다. 이윽고 아침이 되었다. 알키오네는 바닷가로
나가서 마지막으로 남편 케익스를 전송한 장소를 찾았다. 이때 그녀
의 눈에 멀리 물 위에 분명치 않지만 무엇인가 떠 있는 것이 보였다.
그런데 그것은 그녀의 남편 시신이었다. 알키오네는 떨리는 손을 그
시신에 얹고 부르짖었다.

"어째서 이런 모습으로 돌아오셨나요?"

그녀는 그를 향해 제방에서 뛰어내렸다. 그때 순식간에 생긴 날개로
바람을 차면서 물총새가 되어 바다 위를 날았다. 새는 날면서 슬픔에
찬 소리를 냈는데, 그 소리는 슬퍼하는 사람의 목소리 같았다.

물총새로 변하는 알키오네
카를 반 로오 (Charles Andre van Loo)

케익스의 죽음을 확인한 알키오네가 높은 곳에서 뛰어내려 쏜살같이 케익스에게로 향하는 중
물총새로 변하는 장면을 묘사하였다.

에코와 나르키소스

사랑 때문에 육신은 없어지고 오로지
목소리만이 절규하는 에코의 짝사랑은
메아리가 되어 산천유곡을 떠돌고 있다.

에코는 아름다운 님프지만 수다쟁이였다. 어느 날 헤라는 남편 제우스를 찾고 있었다. 헤라는 에코를 만나 제우스의 행방을 물었다. 그러나 에코는 제우스가 도망가도록 일부러 헤라를 붙들고 수다를 떨었다.

에코의 계략을 알아차린 헤라는 화가 나서 다음과 같이 말했다.

"너는 남이 말한 뒤에는 말할 수 있으나 남보다 먼저 말할 수는 없을 것이다."

에코는 어느 날 나르키소스라는 아름다운 청년을 사랑하게 되었다.

에코와 나르키소스
플라시도 코스탄치 (Placido Costanzi)

목소리를 잃은 에코
알렉상드르 카바넬
(Alexandre Cabanel)

그러나 그녀는 먼저 그에게 말을 할 수 없었다. 나르키소스는 숲속에서 길을 찾던 중이었다.

"누가 이 근처에 있느냐?"

나르키소스는 큰 소리로 외쳤다.

"누가 이 근처에 있느냐?" 하고 에코가 대답하며 사랑한다고 말했으나 그 말은 목소리가 되어 나오지 않았다.

부끄러운 에코는 깊은 숲속으로 들어가 모습을 감추었다. 그때부터 에코는 동굴 속이나 깊은 산속 절벽 가운데에서 살게 되었다. 그녀의 몸은 슬픔 때문에 날마다 야위어 갔고 마침내는 몸이 모두 없어졌고 목소리만 남았다.

나르키소스의 자기 사랑

자기 자신을 사랑하게 된 나르키소스는 자신의
외모, 또는 자신이 뛰어나다는 자기 중심적인
나르시시즘(Narcissism)의 단어를 만들어 낸다.

나르키소스가 에코를 대한 것처럼 그는 여자들을 매정하게 대하였다.
　어느 날 한 요정이 나르키소스의 마음을 얻으려고 노력했지만 아무
런 효과를 얻지 못했다. 그러자 그 요정은 나르키소스가 사랑의 보답
을 받지 못하는 것이 어떠한 것인지 깨닫게 해 달라고 신들에게 간절
히 기도를 올렸다. 이에 복수의 여신은 그 기도를 들어주겠다고 했다.
　나르키소스는 산속에서 사냥을 하다가 지쳤고, 몸이 덥고 목이 말라
서 물을 찾다가 샘에 오게 되었다.

자기 얼굴을 바라보는 나르키소스
카라바조 (Caravaggio)

이탈리아 초기 바로크의 대표적 화가인 카라바조는 회화사상 처음으로 빛과 그림자의 대비를
표현하였고 바로크 미술에 영향을 끼친 인물이다. 이 작품에서도 카라바조의 화풍이 도드라
지게 나타나는데 어둠 속에 빛을 받은 나르키소스의 절규가 잘 표현되어 있다.

    샘을 보자, 그는 몸을 구부리고 샘물을 마시려고 하였다. 그때 물 속
에 비친 자신의 모습을 보게 되었다.

    그는 물 위에 비친 자신의 모습과 사랑에 빠졌고, 입을 맞추려고 입

에코와 나르키소스
존 윌리엄 워터하우스 (John William Waterhouse)

19세기 영국의 화가인 존 윌리엄 워터하우스는 고전주의적 주제를 추구했지만 화풍은 라파엘 전파와 유사한 느낌을 준다. 이 작품은 워터하우스의 대표작으로 자기도취에 빠진 나르키소스가 연못 위에 엎드려 자신의 모습에 사랑을 갈구하고 있다. 목소리를 잃은 에코는 먼저 말을 할 수 없으므로 안타까운 시선을 나르키소스에게 보내고 있다.
에코는 영어에서 '메아리'라는 말이고, 나르키소스는 '수선화'라는 말이다. 에코는 헤라가 내린 벌로 먼저 말을 할 수 없고 남의 말을 따라 하게 되었다. 결국 그녀는 형체가 없는 목소리로만 남아 남의 말을 따라 하면서 우리와 만나곤 한다. 나르키소스는 자신의 모습을 사랑하다가 죽게 되고 결국 수선화로 피어난다. 정신분석에서 자기애를 뜻하는 나르시시즘도 나르키소스의 이름에서 유래하였다.

술을 대 보았다. 그러나 물속의 모습은 손을 대면 달아나지만 곧 다시 돌아와 그 매력을 더하였다. 그는 샘가를 배회하면서 물에 비친 자신의 모습을 바라보았고, 먹는 것도 잠자는 것도 잊어버렸다.

나르키소스는 결국 애를 태우다 숨을 거두었다. 님프들은 그의 죽음을 슬퍼했다. 특히 물의 요정들이 나르키소스의 죽음을 더 슬퍼했다. 그들이 가슴을 두드리며 슬퍼하자, 에코도 자기 가슴을 두드렸다.

아도니스의 죽음
세바스티아노 델 피옴보 (Sebastiano del Piombo)

〈아도니스의 죽음〉은 세바스티아노 델 피옴보(1485~1547경)의 초기작으로 그가 베네치아 화파에 몸담고 있을 때 그려졌다.

피옴보는 르네상스 시기 베네치아 회화의 거장이었던 조르조네의 제자로 그의 영향을 받았다.

이 작품은 죽기 전(왼쪽)에 아프로디테(그림의 중앙)의 마음을 사로잡았던 미남 아도니스 신화를 다루고 있다.

아도니스는 나중에 다시 살아난다. 아프로디테가 아도니스가 죽었다는 비보를 듣는 동안, 시녀는 판(오른쪽 끝에 있는 수염 난 인물)에게 이런 슬픈 순간에 피리를 불지 말라는 부탁을 하고 있다.

오비디우스의 변신 이야기

| 제6장 |

에로스와 프시케

MYTHS
OF
GREECE
AND
ROME

아프로디테의 질투

미의 여신 아프로디테와 비견되는
프시케의 미모는 여신의 질투를 낳고 말았다.
그리고 그녀를 단죄하려는 에로스는
그녀의 미모에 반하게 되는데 …….

프시케는 어느 왕국의 막내공주였다. 세 공주 중 두 언니가 보통 이
상으로 아름다웠지만, 특히 막내 프시케의 아름다움은 아프로디테보
다 더 아름답다고 사람들은 말하였다.

그런 소문을 들은 아프로디테는 단단히 화가 났다. 그래서 자신의 아
들 에로스에게 프시케를 혼내 주라고 명령하였다.

에로스는 두 개의 호박색 병에다 쓴물과 단물을 각각 담고서, 그것을
화살통 끝에 매달고 급히 프시케의 방으로 갔다.

프시케 조각상
프시케는 그리스어로 '영혼' 또는 '나비'를 뜻한다.

　에로스는 자고 있는 프시케의 입술 위에 쓴물을 두어 방울 떨어뜨렸다. 그리고 나서 그녀의 옆구리에 화살 끝을 댔다. 그때 그녀가 잠을 깨서 에로스를 바라보았다.

　에로스는 자신이 사람의 눈에는 보이지 않는데도, 깜짝 놀란 나머지

에로스와 프시케
자크 루이 다비드 (Jacques Louis David)

어머니 아프로디테의 명을 받고 프시케를 벌하려고 그녀의 침실에 침입한 에로스가 먼동이
트자 장난스런 표정을 지으며 프시케의 곁을 떠나려고 하는 모습이다.

자신이 들고 있던 화살에 상처를 입었다. 그러나 그는 상처에 개의치
않고 자신의 장난을 취소하려다가 그녀의 머리 위에 기쁨의 물방울을
뿌렸다.

그 후 프시케는 아프로디테의 미움을 받았기 때문에 아무리 자신이
아름답다고 하더라도 신랑감이 나타나지 않았다.

못생긴 두 언니들은 이웃나라 왕자들과 결혼했는데도 프시케에게는
누구도 접근하지 않았다.

프시케와 에로스

우여곡절 끝에 에로스와 결혼하게 된
프시케는 모든 것이 꿈만 같았다.
단 한 가지 그녀가 남편인 에로스의
얼굴을 볼 수 없는 것만 빼고서 말이다.

산꼭대기에 프시케의 신랑이 있는데 그는 신도 반항할 수 없는 존재라고 했다. 이리하여 프시케는 산꼭대기에 있는 얼굴도 모르는 존재에게 시집을 가게 되었다. 산꼭대기에 홀로 남게 된 그녀는 눈물을 흘리고 있었다. 이때 서풍의 신 제피로스가 그녀를 들어 언덕 아래의 궁전과도 같은 집 문 앞에 내려 주었다.

프시케는 그 궁전으로 다가가 용기를 내어 안으로 들어갔다. 궁전 안에 있는 물건들은 하나하나 그녀에게 즐거움과 놀라움을 안겨 주었

에로스의 궁전에 들어서는 프시케
존 윌리엄 워터하우스 (John William Waterhouse)

에로스와 프시케
프랑수아 에두아르 피코 (François Edouard Picot)

프시케는 에로스와 결혼했으나 그가 누구인지 알 수 없었다. 그림은 에로스가 새벽을 맞아 프시케의 침대에서 떠나는 모습을 묘사하였다.

다. 그녀가 이런 것들을 살펴보고 있을 때, 보이지는 않는데 어디선가 사람의 목소리가 그녀에게 말했다.

"여왕이시여, 당신이 지금 보고 있는 모든 것이 당신의 것입니다. 당신이 듣고 있는 이 목소리는 당신의 시종인 우리들의 목소리랍니다."

프시케는 남편이 된 사람을 아직 보지 못했다. 그는 밤이 어두워지면 왔고, 날이 밝기 전에 집을 나갔다. 그러나 그의 음성은 사랑에 충만하였고, 그녀의 마음에도 같은 사랑을 불러일으켰다. 가끔 그녀가 그에게 떠나지 말고 얼굴을 보여 달라고 했지만, 그는 듣지 않았다.

프시케와 두 언니들

프시케는 에로스의 허락 아래 두 언니를 초대하게
되었다. 그러나 두 언니들은 프시케의
행복한 삶을 보고는 질투의 본심을 표출하였다.

프시케는 남편이 얼굴은 보이지 않지만 서로 대화를 하면서 친해지
자 언니들이 보고 싶다고 자신의 고민을 털어놓았다. 그리하여 마침내
언니들이 프시케를 만나도 좋다는 승낙을 겨우 얻었다.

프시케는 서풍의 신인 제피로스를 불러 남편의 명령을 전달했다. 제
피로스는 명령에 복종하여 얼마 지나지 않아 언니들을 산을 넘어 프시
케가 있는 골짜기로 데려왔다.

프시케는 반가움으로 언니들을 끌어안고 인사를 나눈 후, 언니들의

언덕에서 떨어지는 프시케를 받쳐 든 제피로스
피에르 폴 프뤼동 (Pierre Paul Prud'hon)

프시케는 에로스 궁전에 갈 때 언덕에서 떨어져야 하는데 이때 제피로스들이 그녀를 무사히 안았다. 프시케의 두 언니들도 같은 방법으로 에로스의 궁전에 데려왔다.

언니들에게 에로스의 선물을 자랑하는 프시케
장 오노레 프라고나르 (Jean-Honore Fragonard)

에로스의 궁전에 초대받은 프시케의 두 언니들은 모든 것이 호화로워서 부러움과 질투심에
사로잡혀 일을 꾸민다.

손을 잡고 웅장하게 지어진 자신의 궁전으로 안내했다. 언니들은 프시
케가 믿어지지 않을 만큼 호사스럽게 사는 것에 질투심이 일어났다.

언니들은 프시케를 윽박질러 아직껏 한번도 남편을 제대로 본 적이
없다는 것을 말하게 만들었다. 그리고 언니들은 그녀의 가슴에 의심의
싹을 심어 주었다.

"아폴론의 신탁이 네가 괴물과 결혼할 것임을 잊지 말아라. 너는 우
리가 시키는 대로 해야 한다. 등잔불과 예리한 칼을 준비하여 남편이
알지 못하게 침대 밑에 숨겨 두었다가, 남편이 깊이 잠들거든 침대에서
몰래 빠져나와 불을 켜고 눈으로 확인해 보렴. 만일 괴물이라면 머리를
베어 자유로움을 찾아라. 알겠니?"

프시케와 에로스의 이별

두 언니들의 꾐에 넘어간 프시케는 남편
에로스의 얼굴을 확인하던 차에 그를 분노하게
하여 뜻하지 않은 이별을 맞이하고 말았다.

프시케는 언니들의 말에 개의치 않으려고 했으나, 마음이 동요되는
것은 어찌할 수가 없었다. 그날 밤, 남편이 잠이 들었을 때 프시케는 조
용히 일어나서 등잔불을 켜서 남편의 얼굴로 가져갔다. 눈앞에 보이는
이는 무서운 괴물이 아니라 신들 중에서도 가장 아름답고 매력이 넘치
는 신이었다.

그녀가 남편 얼굴을 더 가까이에서 보기 위해서 등잔불을 기울였을
때, 등잔에서 나온 뜨거운 기름 한 방울이 그의 어깨에 떨어졌다. 에로

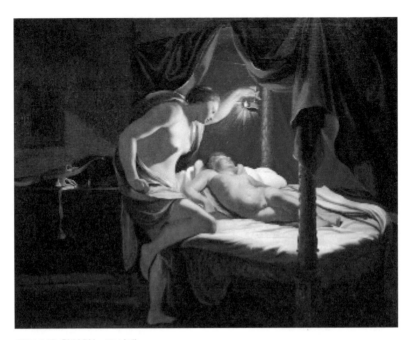

에로스를 확인하는 프시케
시몽 부에 (Simon Vouet)

스는 깜짝 놀라 눈을 뜨고는 프시케를 응시하였다. 그러고는 말 한마디 없이 날개를 펴고 창 밖으로 날아가며 말했다.

"오, 어리석은 프시케야! 이것이 나의 사랑에 대한 보답이란 말이냐? 나는 어머니의 명령에도 복종하지 않고 너를 아내로 맞았는데, 너는 나를 괴물로 여기고 나의 머리를 베려고 생각하였단 말이냐?

나는 너에게 다른 벌을 내리지 않겠다. 오직 너와 이별할 따름이다. 사랑은 의심과 동거할 수 없는 것이다."

이렇게 말하고 에로스는 울고 있는 프시케를 두고 가 버렸다.

프시케를 떠나는 에로스
앙투안 쿠아펠 (Antoine Coypel)

프시케와 데메테르

한순간에 모든 것을 잃어버린
프시케는 오로지 사랑하는 에로스를
찾기 위해 고행의 길을 걸어야만 했다.

프시케는 남편을 찾아 나섰다. 그녀는 먹지도 않고 자지도 않으면서 밤낮으로 찾아다녔다. 높은 산꼭대기에 훌륭한 신전이 있는 것을 보고 그녀는 혼자 중얼거렸다.

"나의 사랑은 아마 저곳에 살고 있을 거야."

그녀는 신전으로 발을 옮겼다. 그곳에 들어서자마자 낮과 갈퀴, 추수할 때 쓰는 여러 도구가 지쳐버린 농부가 함부로 던진 것같이 여기저기 흩어져 있었다.

데메테르 조각상
데메테르 여신은 대지를 관장하는 여신으로 농사를 짓는 법을 가르쳤으며 고대 그리스에서
는 가장 신성시되던 여신이었다.

아프로디테의 신전을 알려주는 데메테르
루카 지오르다노 (Luca Giordano)

프시케의 아름다운 마음에 감동한 대지의 여신 데메테르는 그녀가 아프로디테를 찾아가 용서를 구할 것을 조언하고 길을 알려준다.

프시케는 이들을 모두 가려서 깨끗이 정돈해 놓았다. 그곳은 대지의 여신 데메테르의 신전이었는데, 여신은 프시케가 자기를 위하여 일하는 것을 보고는 이렇게 말했다.

"오, 가엾은 프시케야. 비록 나는 너를 아프로디테의 저주로부터 구할 수는 없으나, 그녀의 분노를 녹일 수 있는 좋은 방법을 가르쳐 줄 수 있다. 여신 아프로디테에게 가서 무릎을 꿇고 겸손과 순종으로써 용서를 빌어라. 그러면 여신은 네게 은총을 베풀어 너의 남편을 돌려줄 것이다."

프시케는 데메테르의 말에 따라 마음을 단단히 먹으려고 애쓰며 아프로디테의 신전으로 갔다.

프시케와 아프로디테

프시케는 시어머니이자 미의 여신인
아프로디테와 조우하였다.
그리고 아프로디테로부터 가혹한 시험을
치르며 시련 극복을 위해 몸을 던진다.

프시케는 아프로디테 여신을 만났다. 아프로디테는 프시케를 보자
화를 내며 말했다.

"나는 네가 살림살이하는 주부의 자격이 있는지 시험해 보련다. 창
고에 있는 곡식을 저녁이 되기 전까지 모두 같은 종류별로 가려 놓도
록 하여라."

프시케는 비둘기의 모이로 쓰이는 밀, 보리, 기장, 완두가 가득 쌓
여 있는 것을 보고 놀랐다. 아프로디테가 그곳을 떠나자, 홀로 남은

아프로디테 앞의 프시케
헨리에타 래 (Henrietta Rae)

프시케는 일거리가 너무 많은 데 놀라서 어찌할 바를 모르고 앉아 있었다. 그런데 개미들이 나타나 곡식을 한 알 한 알 날라다가 종류별로 가려 내어 구분해 주었다. 아프로디테가 돌아와 정리된 모습을 보고 더욱 화를 냈다.

"다른 일을 시키겠다. 이곳에 있는 상자를 가지고 지하세계로 가서 페르세포네에게 전달하고, 내가 아들 에로스를 병간호하느라 아름다움을 조금 잃었으니 상자 안에 페르세포네의 아름다움을 조금만 얻어 오너라."

프시케는 지하세계로 내려가는 법을 몰랐다. 그곳은 죽어야 갈 곳이기에 그녀는 높은 언덕 위에 올라 목숨을 끊으려 했다.

그녀가 뛰어내리려 할 때 땅속의 물에서 소리가 들려 왔다.

"가엾고 불쌍한 아가씨, 왜 그렇게 무서운 방법으로 목숨을 끊으려고 하는가. 이제까지 신의 가호를 받았거늘 마지막 시험에 겁을 내고 풀이 죽는가?"

물의 신은 프시케에게 지하세계로 가는 방법을 알려주었다.

아프로디테의 명령에 순종하는 프시케
에드워드 헤일 (Edward Hale)

프시케와 페르세포네

죽음도 불사한 프시케의 행동으로
숱한 정령들이 그녀를 돕는다.
그리고 지하세계로 내려간 그녀는
여왕 페르세포네를 만나기에 이른다.

물의 신은 지하세계에서 반드시 지켜야 할 일을 다음과 같이 덧붙였다.

"페르세포네가 그녀의 아름다움으로 가득찬 상자를 주거든 가장 조심해야 할 일은 그것을 한 번이라도 열거나 그 속을 보지 말아야 할 것이며, 또 여신들의 아름다움이라는 보물에 호기심을 가지지 말아야 한다."

프시케는 이 충고에 힘을 얻어 모든 것을 일러 주는 대로 하여 스틱스 강을 건네주는 배를 타고 지하세계인 명부에 무사히 도착했다.

지하세계의 스틱스 강을 건너는 프시케
외젠 에르네스트 일마쉐 (Eugène Ernest Hillemacher)

   그리고 마침내 페르세포네를 만났다.

   페르세포네는 프시케가 가엾었던지 상자 안에 그녀의 아름다움을 담아 주었다. 그리하여 프시케는 온 길을 무사히 다시 돌아 나와 햇빛을 보게 된 것을 무한히 기뻐했다.

페르세포네를 만나는 프시케
샤를 조셉 나투아르 (Charles Joseph Natoire)

프시케는 아프로디테의 명에 따라 지하세계인 명부에 도착하여 페르세포네로부터 아름다움을 얻는다.

프시케와 에로스의 만남

*페르세포네로부터 얻은 미의 상자는 절대 열어 보면
안 되는 금기 사항이었다. 그러나 판도라가 했던
것처럼 프시케도 미의 상자를 열어 보고 말았다.*

프시케는 무사히 지하세계에서 나오자 페르세포네의 이름다움이 들
어 있는 상자 안이 궁금했다.

"어째서 신의 아름다움을 나르는 내가 이것을 좀 가져서는 안 된단
말인가? 내 얼굴에 발라 사랑하는 남편의 눈에 예쁘게 보이고 싶다!"

프시케는 상자 안을 조심스럽게 열어 보았다. 그러자 그 속에서 깊
은 잠을 재우는 연기가 나와 프시케는 길 가운데 엎드려서 시체처럼
잠이 들었다.

상자를 열어 보는 프시케
존 윌리엄 워터하우스 (John William Waterhouse)

프시케는 절대 열어 보지 말라는 상자의 뚜껑을 판도라처럼 호기심이 발동하여 열어 보고 만다.

에로스와 프시케의 만남
안톤 반 다이크 (Anthony van Dyck)

에로스와 프시케가 다시 만나는 장면을 묘사한 그림이다.

　한편 에로스는 이미 상처가 치유되어, 사랑하는 프시케를 보고 싶었다. 에로스는 쓰러져 있는 프시케를 발견하고 그녀에게 달려갔다. 에로스는 프시케의 몸에서 잠을 끌어 모아 다시 상자 안에 가두고, 그의 화살로 가볍게 그녀를 찔러 깨웠다. 그리고 그가 말했다.

　"너는 또 전과 같은 호기심 때문에 하마터면 죽을 뻔했구나. 자, 이제 너는 어머니가 분부하신 임무를 완수하여라. 그밖의 일은 내가 하겠다."

　에로스는 프시케를 안고 높은 하늘을 단번에 꿰뚫는 번갯불같이 재빨리 제우스 앞으로 나아가 불쌍한 프시케를 용서해 달라고 애원했다.

프시케와 에로스의 결혼

드디어 천신만고 끝에 에로스와 재회한
프시케는 천상에 올라 제우스로부터
결혼을 승낙받는 해피엔딩으로 막을 내린다.

　제우스는 호의를 가지고 그 청을 들어주었다. 그리고 두 연인을 위해서 간곡히 아프로디테를 설득하였기 때문에 마침내 그녀도 승낙을 하였다.

　제우스는 헤르메스를 보내 천상으로 프시케를 데려오게 했다. 헤르메스가 프시케를 천상에 데려오자, 제우스가 불로불사의 천상 음식인 암브로시아 한 잔을 그녀에게 손수 권하면서 이렇게 말했다.

　"프시케야, 이걸 마시고 불사의 신이 되어라. 아프로디테 여신의 저

에로스와 프시케
프랑수아 파스칼 시몽 제라르 (François Pascal Simon Gerard)

주는 이제 모두 풀렸으며, 아무도 에로스와 맺어진 인연을 끊지 못할 것이다. 그러므로 너와 에로스의 결혼은 영원히 변함이 없을 것이다."

이리하여 마침내 프시케는 그토록 원하던 에로스와 결혼을 할 수 있게 되었다.

에로스와 프시케
윌리엄 아돌프 부게로 (William Adolphe Bouguereau)

   에로스가 프시케를 안고 올림포스로 제우스를 만나러 가는 장면을 묘사하였다. 환희와 격정에 사로잡혀 있는 프시케의 모습에서 부게로의 작품성이 잘 나타나 있다.

오비디우스의 변신 이야기

| 제7장 |

신과 인간의 경계

MYTHS
O   F
GREECE
A   N   D
ROME

아테나와 포세이돈

지혜의 여신 아테나와 바다의 신인
포세이돈이 펼치는 도시 쟁탈전

아테나는 제우스의 딸이다. 그녀는 실용적이고 장식적인 기술을 관장했다. 예를 들면 남자의 기술인 농업과 항해술 등, 여자의 기술인 방직·재봉·제사 등을 관장했다. 또한 아테나는 전쟁의 여신이기도 했다. 그러나 그녀가 보호하고 지원한 전쟁은 방어전에 한하였으며, 아레스의 유혈이 있는 전쟁을 좋아하지 않았다.

아테나는 자신의 도시로 아테네를 선정하였는데, 이 도시는 포세이돈도 갖고 싶어 했던 도시였다. 결국 두 신은 이 도시를 차지하기 위해

아테나 여신
프라 바르톨로메오 (Fra Bartolomeo)

제우스의 머리에서 태어났다는 아테나 여신은 지혜의 여신이자 전쟁의 여신
이기도 하다.

아테네 도시의 이름을 지어주기 위해 논쟁을 벌이는 아테나와 포세이돈
메리 조셉 블론델 (Merry Joseph Blondel)

아테나와 포세이돈은 도시 하나를 놓고 서로 경쟁하였는데 포세이돈의 말과 아테나의 올리브나무를 인간에게 주어 어느 것이 유익한지를 겨루는 시합이었다. 신들은 올리브나무가 인간에게 더 유익하다고 하여 아테나에게 승리를 주었다. 그 후 이 도시를 아테네라 부르고 있다.

경쟁을 하게 되었다.

경쟁에서 승리한 아테나에게 상으로 이 도시가 주어졌다. 이때의 이야기가 이렇게 전해지고 있다. 아테네의 최초 왕 케크롭스가 도시를 다스릴 때, 아테나와 포세이돈 두 신이 그 도시를 각기 자기의 것으로 만들려고 싸웠다.

다른 신들은 인간에게 가장 유익한 선물을 준 신에게 그 도시를 주라고 결정했다. 포세이돈은 인간에게 말을 주었고, 아테나는 올리브나무를 주었다. 신들은 올리브나무가 인간들에게 유익하다고 판정하고 이 도시를 아테나에게 주었다.

아테나와 아라크네

여신을 능가하려는 한 여인의 피나는
절규가 신을 이겼음에도 그녀의
오만함 때문에 거미로 변하고 만다.

아라크네는 길쌈과 자수의 명수여서 어떤 사람들보다 솜씨가 뛰어났다. 사람들은 그녀의 솜씨를 보고 여신 아테나가 가르쳤다고 말하였다. 그러나 아라크네는 이를 부정했다.

"아테나와 나의 솜씨를 경쟁시켜 보세요. 내가 지면 벌을 받겠어요." 하고 그녀는 말했다. 이 말을 듣는 아테나는 몹시 불쾌하게 생각했다. 그래서 아테나는 노파로 변장하고서 아라크네가 있는 곳으로 가서 아테나를 흉보지 말라고 충고하였다.

아라크네
디에고 벨라스케스 (Diego Velazquez)

그럼에도 아라크네는 자신의 솜씨가 아테나 여신보다 우월하다고 여겼다. 화가 난 아테나 여신은 본모습으로 돌아와 아라크네에게 시합을 펼쳤다.

아테나와 아라크네는 베짜기를 마치자 서로의 그림을 보여 주었다. 그런데 아라크네의 베에는 신을 조롱하는 그림이 짜여 있었다.

물론 그림의 내용도 매우 정교하였다. 화가 난 아테나는 아라크네의 그림을 빼앗아 찢어버렸다. 그러자 분한 아라크네가 목을 매어 죽으려 하자, 아테나 여신은 그녀를 거미로 만들어 버렸다.

아라크네 공방에 노파로 변신하여 나타난 아테나
디에고 벨라스케스 (Diego Velazquez)

아라크네는 자신의 베 짜는 기술을 자만하여 아테나와 시합을 하게 된다. 그녀의 솜씨는 여신들이 감탄하고 심지어 아테나도 감탄하지만, 오만하고 독선적인 그녀의 성격과 신을 비웃는 그림을 보자 더는 참지 못한 아테나가 그녀에게 벌을 내린다. 그러나 그녀의 베 짜는 솜씨가 아까워서 그 기술만은 보호해 주었는데, 그녀를 베 짜는 일 대신에 거미줄을 치는 거미로 만들어 버렸다. 신화의 세계에서는 신들의 응징이 때로는 가혹하리만큼 사정을 두지 않는데, 메두사처럼 아라크네도 흉측한 거미로 만들어 버렸다.

레토와 니오베

테베의 왕비 니오베와 아폴론과
아르테미스를 낳은 레토의 사이에서
벌어지는 극한 대립

니오베는 테베의 왕 암피온의 아내이다. 7명의 아들과 7명의 딸을 두
었는데, 그것을 무척 자랑스럽게 생각하고 있었다.

당시 테베의 사람들은 레토 여신을 숭배하고 있었다. 레토에게는 아
폴론과 아르테미스라는 두 남매밖에 없었기 때문에 니오베는 자신이
레토 여신보다 더 훌륭하다고 뽐내었다.

화가 난 레토 여신은 아들인 아폴론과 딸인 아르테미스에게 말했다.

아폴론의 화살을 맞은 니오베의 딸 조각상

"얘들아! 너희 둘을 자랑으로 생각하고, 헤라 이외에는 어느 여신한
테도 뒤지지 않는다고 생각하던 내가 지금은 여신인지 아닌지도 의심
받게 되었다. 너희들이 보호해 주지 않는다면 나는 숭배를 받지 못할
것이다."

어머니의 말을 들은 아폴론과 아르테미스는 서슴없이 니오베의 자식

절규하는 니오베
아브라함 블로이메르트 (Abraham Bloemaert)

자신의 욕망과 교만 때문에 열네 명의 자식들을 죽인 니오베는 마음과 몸이 굳어 바위로 변해 버렸다. 그러나 눈물만이 계속 흐르고 있었는데, 광풍이 불어와 바위로 변한 그녀를 고향 산으로 데려갔다. 지금도 그 바위가 남아 있는데, 그 바위에서 니오베의 눈물이라는 물이 계속 흘러나오고 있다고 한다. 그 물은 그녀가 자신의 교만을 용서해 달라고 하는 참회의 눈물인지, 아니면 너무 억울하고 분한 마음의 한이 서려 흐르는 눈물인지 알 수 없다.

식들을 활로 쏘아 죽였다.

한꺼번에 모든 자식을 잃고 비탄에 빠져 울며 세월을 보내던 니오베는 고향인 리디아의 시필로스 산 위에서 밤낮으로 울며 탄식하다가 돌이 되고 말았다.

지금도 그곳에는 니오베가 변한 바위가 남아 있으며, 그 바위에서 끊임없이 흘러나오는 물은 니오베의 멈추지 않는 눈물이라고 한다.

프릭소스와 헬레

계모의 핍박에서 벗어나고자 헤르메스의
황금 양에 오른 오누이는 안타깝게도 누이동생인
헬레가 바다에 빠져 헤어지지만 황금 양모의
전설이 시작되었다.

테살리아에 아타마스라는 왕과 네펠레라는 왕비가 살고 있었다. 그
들에게는 사내아이 하나와 계집아이 하나가 있었다. 그런데 시간이 지
나자 아타마스 왕은 왕비에게 냉담해졌고, 다른 여자를 얻었다.

네펠레는 자신의 아들딸이 계모에게 구박을 받지 않을까 걱정하였
고, 그들을 계모의 손이 닿지 않는 곳으로 보낼 방법을 생각했다.

헤르메스는 네펠레를 도와주려고 그녀에게 황금 양모를 지닌 숫양
한 마리를 선물했다.

그리스 도기에 새겨진 프릭소스와 황금 양

　네펠레는 황금 숫양이 아이들을 안전한 장소로 데려다줄 것을 기대
하면서 등에 태웠다. 그러자 황금 양은 하늘로 뛰어올라 동쪽으로 갔다.
　그들은 유럽과 아시아가 닿아 있는 해협에 다다랐다. 그때 딸인 헬
레가 양의 등에서 떨어져 바닷속에 빠졌다. 그래서 이 바다는 헬레스
폰토스라고 불리게 되었고, 오늘날엔 다르다넬스 해협이라 일컬어지
고 있다.
　황금 양은 계속 하늘을 날아 흑해의 동해안에 있는 콜키스라는 왕
국에 도착하여 그곳에 아들인 프릭소스를 무사히 내려놓았다. 프릭소
스는 콜키스 왕국의 아이에테스 왕의 따뜻한 영접을 받고 황금 양을 제
우스에게 바쳤다.

프릭소스와 황금 양모
무명의 그림

황금 양모는 그리스 신화에서 날개 달린 황금빛 양의 털가죽을 말한다. 이 전설은 이아손과 아르고 호의 원정대의 항해하는 원인이 되었다. 상당히 오랜 기원이 있는 전설로 기원전 8세기 호메로스 당대에도 이야기가 존재했었으며, 그 이후에도 여러 가지 형태의 이야기가 나왔다.

아르고 호 원정대

전설의 황금 양피를 찾아나선
이아손과 영웅들의
대모험이 펼쳐진다.

테살리아에는 아타마스 왕국 근처에 또 하나의 왕국이 있었는데, 그 왕국은 아타마스의 친척이 다스리고 있었다. 그 왕국의 왕 아이손은 정치를 돌보는 일이 싫어서 어린 아들 이아손이 성인이 될 때까지 조건부로 왕위를 이복형 펠리아스에게 양도했다.

성장한 이아손이 그의 숙부에게 왕위의 반환을 요구하자, 숙부인 펠리아스는 겉으로는 기꺼이 양도하겠다는 태도를 보였다. 그리고 펠리아스는 콜키스 왕국에 있는 황금 양피를 찾기 위한 영광스러운 모험을

아르고 호의 승선
로렌초 코스타 (Lorenzo Costa)

아르고 호 원정대의 출발
지오반니 디 루테로 (Giovanni di Lutero)

아르고 호는 전설적인 배 만드는 장인 아르고스에 의해 만들어졌으며, 그 선원들은 헤라 여신으로부터 보호를 받았다고 전해진다. 이 배는 아테나 여신이 설계하고 제작되었고, 이 배의 이물은 도도나 숲의 성스러운 목재로 만들어졌다고 한다. 이아손과 그의 일행이 성공적으로 항해를 마친 이후에 이 아르고 호는 코린토스 지협에서 바다의 신 포세이돈에게 헌정되었다고 한다.

먼저 하기를 제안했다. 이아손은 이 제안을 흔쾌히 받아들여 황금 양피를 찾기 위한 콜키스 원정 준비를 했다.

이아손이 아르고스에 명하여 50명을 태울 수 있는 배를 만들게 하였고, 그 배를 아르고 호라고 이름지었다. 이아손은 그리스 전체에서 모험을 좋아하는 청년들을 모집했다. 그리고 그는 모험하기 위해 찾아온 용감한 청년들의 대장이 되었다. 그때 찾아온 청년들 대부분은 나중에 그리스의 영웅과 신으로 불리는 인물들과 더불어 명성을 떨쳤다.

헤라클레스, 테세우스, 오르페우스, 네스토르 같은 영웅들도 그 중에 끼여 있었는데, 그들은 그 배의 이름을 따서 '아르고 호 원정대'라고 불렀다.

이아손의 무용

*콜키스에 도착한 이아손에게 무서운
난관이 닥치지만 그를 사랑한 메디아의
도움으로 황금 양피를 손에 넣는다.*

이아손의 아르고 호는 마침내 바다의 동쪽 끝에 있는 콜키스 왕국
에 상륙했다. 이아손이 콜키스의 왕 아이에테스에게 자신의 임무를 전
하자, 왕은 이아손이 놋쇠 발을 가지고 불을 뿜는 두 마리의 황소를 쟁
기에 매어 밭을 갈아 카드모스 왕이 퇴치한 용의 이빨을 뿌린다면 황금
양피를 주겠다고 약속했다.

이아손이 위기에 처했을 때 왕의 딸인 메디아가 도움을 주었다. 마
술사이기도 한 메디아는 이아손에게 첫눈에 반했고, 그에게 황소의 불

용을 잠재우는 이아손
살바토르 로사 (Salvator Rosa)

길을 피하고 강철 병사가 서로 죽이게 만드는 비법을 가르쳐 주고, 마법의 향유를 주었다. 이에 이아손은 메디아와 결혼을 약속했다.

이아손은 놋쇠의 발을 가진 황소와 싸워 제압하고 용의 이빨을 뿌려 그 위에 흙을 덮었다. 그러자 그 자리에서 무장한 병사들이 뛰어나와 이아손에게 덤벼들었다.

이아손은 메디아가 일러준 비법을 사용하여 그들을 물리쳤다. 그리고 황금 양피를 지키는 용을 잠재우고 황금 양피를 손에 넣은 이아손은 메디아를 데리고 아이에테스 왕이 그들의 출항을 저지할 여유를 주지 않고 재빨리 배를 타고 테살리아로 돌아갔다.

이아손과 메디아
존 윌리엄 워터하우스 (John William Waterhouse)

메디아가 이아손에게 위기를 극복할 마법의 물을 만들어 주는 장면이다.

이아손과 메디아

이아손과 결혼한 메디아는
마법으로 이아손을 돕지만 남편의
배신에 엄청난 일을 저지르고 만다.

　이아손은 메디아와 고국으로 돌아왔으나 그의 아버지 아이손이 너무 늙어 있었다. 이에 매우 상심한 이아손은 슬퍼하였다. 그 모습을 본 메디아는 남편의 아버지 아이손을 마법으로 젊게 만들었다.

　그녀가 마법을 부리는 동안 이아손의 숙부이자 왕인 펠리아스의 딸들이 그 모습을 몰래 보았다. 그리고 자신의 아버지도 젊게 만들어 달라고 하였다. 메디아는 그녀들의 부탁을 들어주었다. 그러나 메디아는 마법을 부리던 도중 펠리아스를 죽여 버렸다.

이아손과 메디아
귀스타브 모로 (Gustave Moreau)

자신의 아이를 죽이는 메디아
들라크루아 (Delacroix)

펠리아스가 죽자, 이아손이 왕위에 올랐다. 왕이 된 이아손은 크레우사라는 코린토스의 왕녀와 결혼하려고 메디아를 버렸다. 메디아는 이아손을 위해 했던 자신의 모든 노력이 배신으로 돌아옴에 대해 크게 분노하여 신들에게 복수를 기원하였다.

그녀는 신부 크레우사에게 독을 넣은 옷을 선물로 보냈다. 그러고 나서 메디아는 이아손과 자신에게서 태어난 두 아이들을 모두 죽였다.

그리고 궁전에 불을 지르고 난 뒤, 뱀이 끄는 이륜마차를 타고 하늘을 날아 아테네로 도망쳤다.

그녀는 그곳에서 테세우스의 아버지인 아이게우스 왕과 결혼했다.

칼리돈의 영웅들

기구한 운명을 타고난 멜레아그로스는
칼리돈 왕국에 나타나 사람들을 괴롭히는
멧돼지 포획을 위해 사냥대회를 열었다.

멜레아그로스는 아르고 호 원정에 참여한 인물이었다. 칼리돈의 왕 오이네우스와 그의 아내 알타이아는 그가 태어났을 때, 운명의 신인 모이라이 세 여신을 보았다. 운명의 실을 짜는 이 여신들은 이 어린 아기가 난로 속에 있는 장작이 다 탔을 때 죽을 것이라고 예언했다.

알타이아는 그 장작을 꺼내어 불을 끄고 수년간 조심스럽게 보존했다. 그 후 멜레아그로스는 무사히 자라 청년이 되었다.

어느 날 칼리돈 왕국에 영웅들도 잡을 수 없는 커다란 멧돼지가 나타

알타이아와 운명의 신 부조
운명의 신 모이라이 앞에 고뇌하는 알타이아가 아들의 운명을 결정하는 장작개비를 들고 있다.

나 곡식들을 못쓰게 만들자, 멜레아그로스는 멧돼지를 잡는 사냥대회를 열었다. 이 소식을 들은 그리스의 영웅들은 모두 참여하였다. 그중에 아르카디아의 왕 이아소스의 딸 아탈란테도 이 사냥에 참가했다.

그녀의 얼굴은 여자의 아름다움과 용감한 청년 같은 매력을 동시에 지니고 있었다. 그런 그녀를 보자, 멜레아그로스는 첫눈에 사랑에 빠졌다.

칼리돈에서 열린 멧돼지 사냥대회
페테르 파울 루벤스 (Peter Paul Rubens)

칼리돈의 멧돼지 사냥에 참가한 영웅들은 다음과 같다. 테세우스와 친구인 페리토스, 이아손, 나중에 아킬레우스의 아버지가 되는 펠레우스, 아이아스의 아버지인 텔라몬, 당시에는 젊었으나 노인이 된 후에도 아킬레우스와 아이아스와 함께 무기를 들고 트로이 전쟁에 참가한 영웅, 그리고 그 밖의 많은 영웅들이 이 멧돼지의 사냥대회에 참가했다. 유일한 여성으로 참가한 아탈란테는 번쩍이는 황금으로 만든 조임쇠로 옷을 죄고, 왼쪽에는 상아로 만든 전통을 메었고, 왼손에는 활을 들고 있었다. 그녀의 씩씩하고 건강한 모습에 멜레아그로스는 그녀를 사랑하게 되었다.

대회에 참가한 영웅들은 멧돼지가 사는 굴 가까이 다가가 멧돼지와 싸웠다.

칼리돈의 멧돼지 사냥
페테르 파울 루벤스 (Peter Paul Rubens)

멜레아그로스의 죽음

사냥에 참여한 영웅 중 유일한 여성인
아탈란테를 사랑한 멜레아그로스는
포획한 멧돼지의 머리와 가죽을 선물하지만
그로 인해 비극이 시작된다.

멜레아그로스는 영웅들과 시합하여 멧돼지를 죽였다. 그리고 멧돼
지의 머리와 가죽을 아탈란테에게 선물하였다. 그러나 이를 질투한 멜
레아그로스의 외삼촌 플렉시포스와 톡세우스가 아탈란테로부터 그 선
물을 빼앗았다.

멜레아그로스는 그들이 저지른 행동이 무례한 행동이라고 생각하여
몹시 분개하였다. 또한 그가 사랑하는 아탈란테에 대한 모욕에 더욱
분개하여, 자신의 외삼촌이라는 사실도 잊은 채 그들을 죽여 버렸다.

멧돼지의 머리를 아탈란테에게 선물하는 멜레아그로스
페테르 파울 루벤스 (Peter Paul Rubens)

멜레아그로스의 죽음
샤를 르 브룅 (Charles Le Brun)

알타이아는 어머니의 정과 누이로서의 감정이 그녀의 가슴속에서 서로 다투었다. 그녀는 자기가 하려고 한 행동을 생각하면 안색이 창백해지고, 아들이 동생들에게 범한 짓을 생각하면 분노로 인해 안색이 빨갛게 물들기도 했다. 바람이 불면 한쪽으로 몰리다가, 파도가 치면 반대쪽으로 몰리는 배와도 같이 알타이아의 마음은 이리저리 흔들렸다. 그러나 마침내 누이의 정이 어머니의 정을 이겼다. 그리고 멜레아그로스는 운명의 나무가 불타오르고 꺼져 갈 때 숨을 거두었다.

멜레아그로스의 어머니 알타이아에게 피살된 동생들의 시체가 보내지자, 이를 본 그녀는 울부짖으며 가슴을 쳤다. 그리고 동생들을 죽인 자가 아들이라는 것을 알게 되자, 동생들의 죽음에 대한 슬픔은 아들에 대한 복수심으로 불타올랐다. 알타이아는 운명의 나무를 불 속에 던졌다.

운명의 나무는 무서운 신음소리를 냈다. 멜레아그로스는 숨을 거두면서 늙은 아버지와 사랑하는 아탈란테의 이름을 불렀고, 어머니도 불렀다. 멜레아그로스의 고통도 더해만 갔다.

마침내 불꽃도 고통도 사그라지고 멜레아그로스는 한 줌의 재가 되어 사라졌다.

아탈란테와 히포메네스

달리기의 명수인 아탈란테는 결혼을 회피하고자
구혼자들에게 달리기 경주를 하여 자신을
이긴 자에게 결혼을 승낙하겠다고 했다.
진 자는 목숨을 내놓아야 하는 무서운 제안이었다.

아탈란테는 예전에 신에게 다음과 같이 자신의 운명에 대한 예언을
받은 일이 있었다.

"아탈란테여, 결혼하지 말라. 결혼하면 멸망하리라."

이러한 신탁에 겁을 먹은 아탈란테는 남자를 피하고 사냥에만 열중
하였다. 그녀에게는 많은 구혼자가 있었지만, 모든 구혼자에게 한 가
지 조건을 붙였다.

"나와 달리기를 하여 이기는 자에게 상으로 결혼할 것이다. 그러나

달리는 형상의 아탈란테 조각상

지는 자는 벌로 죽음을 당하리라."

　이러한 조건은 많은 구혼자들을 물리쳤다. 그러나 그녀의 매력에 반한 히포메네스는 달리기 시합을 하자고 하였다.

　히포메네스는 아프로디테에게 기도를 올렸다.

　"아프로디테여, 도와주십시오. 나를 이렇게 만든 것은 당신입니다."

　아프로디테는 황금 사과 세 개를 히포메네스에게 주며 달리는 도중에 사과를 하나씩 던지라고 하였다.

　아프로디테가 가르쳐 준 방법으로 히포메네스는 승리를 할 수 있었다. 그러나 사랑에 빠진 두 사람은 자신들의 행복에 취해 아프로디테에게 올려야 하는 감사를 잊고 지냈다. 결국 두 사람은 그 벌로 사자가 되어 레아 여신의 수레를 끌었다.

사과를 줍는 아탈란테
니콜라 콜롱벨 (Nicolas Colombel)

히포메네스는 달리기의 명수 아탈란테가 자신보다 빨리 달리자 아프로디테가 준 황금 사과 중 한 개를 던진다.

아탈란테와 히포메네스의 달리기 시합
귀도 레니 (Guido Reni)

아탈란테는 옷을 벗고 달리기 경주를 한다. 그 모습에 뭇 남성들이 매료되어 목숨을 걸고 달리기 경주에 참가한다. 고전 시대에 그리스 남자들은 알몸으로 경주도 하고 연습도 했다고 한다. 사과 하나를 손에 든 채 사과 하나를 더 집으려는 아탈란테. 급히 몸을 돌려 손을 쭉 뻗는 그녀의 모습에는 사과도 주워야 하고 경기도 이겨야 하는 급박한 모습이 담겨 있다. 히포메네스의 손은 마치 따라오지 말라고 그녀를 밀쳐 내는 듯하다.

오비디우스의 변신 이야기

| 제8장 |

영웅 페르세우스

MYTHS
O F
GREECE AND
ROME

다나에와 페르세우스

*불운한 신탁으로 청동탑에
감금된 다나에는 제우스로부터
사랑을 받게 된다.*

아르고스의 왕 아크리시오스는 그의 딸 다나에가 낳은 아들에 의해 죽게 된다는 신탁을 받는다.

왕은 이를 피하기 위해 다나에를 청동탑 안에 가둬 두고 남자와의 접촉을 금지하였다. 그러나 제우스는 아름다운 다나에를 보고 황금 빗물로 변신해 접근하였다. 그 뒤 제우스와 다나에 사이에서 아들 페르세우스가 태어났다. 아크리시오스는 다나에와 아이를 궤짝에 넣어 바다에 띄워 버렸다. 궤짝이 세리포스 섬에 떠내려갔을 때, 이를 발견한 한 어부가 궤짝을 건져 그 나라의 왕 폴리데크테스에게 바쳤다. 그 궤짝

금비로 변한 제우스와 다나에
얀 마뷰즈 (Jan Mabuse)

에서 다나에와 어린 페르세우스가 나오자 왕은 친절히 대접했다.

페르세우스가 장성하자 폴리데크테스 왕은 메두사를 정복하기 위해 용감한 그를 파견했다. 메두사는 그 나라를 황폐하게 만든 무서운 괴물이었다. 메두사는 원래 아름다운 처녀로, 특히 그녀의 머리카락은 가장 큰 자랑거리였다. 그러나 아테나 여신에게 저주를 받아 무서운 소리를 내는 여러 마리의 뱀으로 변하게 되었다.

메두사는 무섭고 잔인한 괴물로 변했다. 그래서 그녀와 눈을 마주친 사람은 누구나 그 자리에서 돌로 변했다.

다나에와 금비로 변한 제우스
레옹 프랑수아 코메르 (Léon François Comerre)

메두사와 페르세우스

*신화 최초의 영웅인
페르세우스와 메두사 간의
숨 막히는 결투가 펼쳐진다.*

메두사가 아테나의 저주를 받은 것은 다음과 같다.

포세이돈은 원래부터 아테나 여신을 연모하였다. 그러나 아테나 여신은 눈 하나 깜빡거리지 않았다. 이에 화가 난 포세이돈은 아름다움이 아테나 여신보다 우월하다고 여기는 메두사를 만났다.

포세이돈은 그녀를 유혹하여 아테나 여신의 신전에서 사랑을 나누었다. 신성한 장소에서 사랑을 나누자, 아테나는 화가 머리 끝까지 났다. 그리하여 메두사에게 저주를 내렸다. 페르세우스는 아테나와 헤르

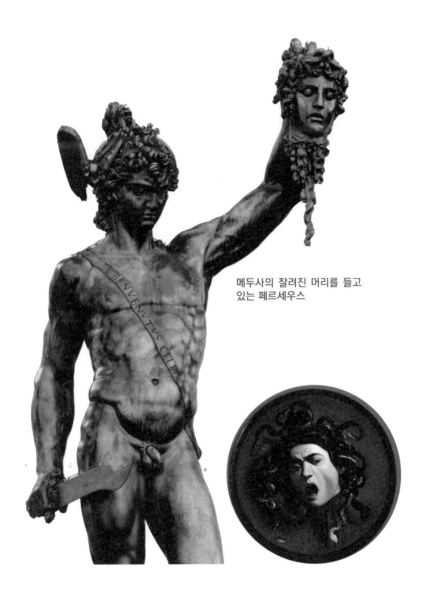

메두사의 잘려진 머리를 들고
있는 페르세우스

메스의 총애를 받고 있었으므로, 그는 먼저 아테나에게 가서 빛나는 방
패와 메두사의 머리를 담을 마법의 자루를 빌렸다.

그런 다음 그는 헤르메스를 찾아가 날개 돋친 신발을 빌렸으며, 하

메두사의 머리를 담고 있는 페르세우스
니콜라 푸생 (Nicolas Poussin)

아테나 여신의 저주를 받은 메두사는 영웅 페르세우스에게 목이 잘려 죽게 되었다. 이를 불쌍하게
여긴 포세이돈이 메두사의 피에 물을 흘리자, 그 피는 곧 하늘을 나는 천마가 되었다.

데스에게는 모습을 감출 수 있는 투구를 빌려 메두사가 있는 동굴로 갔
다. 페르세우스는 신들에게 빌린 무기로 무장을 하고 메두사가 잠자고
있는 동굴로 숨어 들어갔다.

그리고 그는 방패에 비친 메두사의 모습을 보고 가만히 다가가 그
의 머리를 베었다. 그는 잘린 메두사의 머리를 마법의 자루에 넣어 아
테나에게 선물로 바쳤다.

아테나는 그것을 자기의 방패 한가운데에 붙였다.

페르세우스와 안드로메다

괴물의 제물이 된 안드로메다,
그녀의 수호천사가 된 페르세우스와
괴물 간의 대결이 펼쳐진다.

페르세우스는 에티오피아인들의 나라에 도착했다. 그 나라의 왕은 케페우스였다. 왕비인 카시오페이아는 자신의 아름다움을 자만하여 바다의 님프들보다 자신이 더 아름답다고 말했다.

이에 단단히 화가 난 바다의 님프들은 거대한 바다의 괴물을 보내 에티오피아의 바다를 못쓰게 만들었다.

케페우스는 님프들의 화를 풀기 위해서 신탁을 청했는데, 그의 딸 안드로메다를 괴물에게 바쳐야 한다는 신탁을 받았다. 케페우스는 눈

결박되는 안드로메다
테오도르 샤세리오 (Theodore Chasseriau)

물을 머금고 그 신탁을 따랐다.

페르세우스는 바위에 쇠사슬로 몸을 결박당한 안드로메다를 보았다. 안드로메다는 창백한 얼굴이었지만 빼어난 미모를 하고 있었다. 페르세우스는 먼저 그녀의 부모를 찾아갔다. 그리고 안드로메다를 구하면 그녀와 결혼하게 해 줄 것을 약속받고 안드로메다에게 돌아왔다. 이때 바다 위에는 커다란 괴물이 머리를 내밀고 안드로메다를 향해 덤벼들고 있었다.

페르세우스는 괴물을 향해 뛰어들어 칼을 휘둘러 물리쳤다. 그리고 안드로메다를 구출하였다.

페르세우스와 안드로메다
파올로 베로네세 (Paolo Veronese)

페르세우스와 피네우스

페르세우스의 활약으로 안드로메다가
구출되어 왕궁은 축제가 벌어졌다.
그러나 축제는 한순간에 아수라장이 되는
돌발 상황을 맞고 만다.

페르세우스는 안드로메다를 데리고 궁전으로 돌아왔다. 그곳에는
이미 잔치가 준비되어 있었다. 모두 기쁨으로 가득한 축제 기분이 충
만했다. 그런데 갑자기 떠들썩한 소리가 나더니 안드로메다의 약혼자
였던 피네우스가 그의 부하 일당과 함께 뛰어 들어와서 안드로메다는
자기 사람이니 돌려달라고 했다.

이에 케페우스가 이렇게 말했다.

"자네는 내 딸이 괴물의 제물로서 바위에 결박되었을 때 요구했어

피네우스와 그의 부하들을 돌로 변화시키는 페르세우스
세바스티아노 리치 (Sebastiano Ricci)

아테나 여신의 저주를 받은 메두사는 흉측한 몰골로 변하였다. 괴물이 된 그녀는 자신의 눈을 본 사람들을 모두 돌로 만들었는데, 페르세우스가 이를 이용해서 피네우스와 그의 부하들을 돌로 만들었다.

야 했다. 내 딸이 그 같은 운명의 신탁을 받았을 때 모든 약속은 파기된 것이다. 죽음으로 모든 약속이 파기된 것처럼 말이네."

피네우스는 아무 말도 하지 못하고 있다가 갑자기 페르세우스에게 창을 던졌다. 그러자 그의 부하들이 손님들에게 공격을 가했다. 상황이 긴박해지자, 페르세우스는 큰소리로 외쳤다.

"나의 적이 아닌 사람들은 모두 고개를 숙여라!"

이렇게 말한 뒤, 페르세우스는 메두사의 머리를 높이 쳐들었다. 그러자 메두사를 본 피네우스의 부하들은 모두 돌덩이로 변했다. 피네우스가 살려 달라고 애원했지만, 그도 애원하는 모습으로 돌이 되었다.

안드로메다의 쇠사슬을 풀어 주는 페르세우스
조르조 바사리 (Giorgio Vasari)

　이탈리아 르네상스 시대의 화가이자 건축가인 조르조 바사리의 1570년경 작품으로, 페르세우스가 바다의 괴물을 물리친 뒤 바위에 묶여 있는 안드로메다를 쇠사슬로부터 풀어 주는 장면을 보여주고 있다. 그림의 중앙에 이들 둘의 모습이 있고, 왼쪽에 천마 페가수스가 앉아 있다.

　세리포스 섬의 왕 폴리데크테스의 명령을 받고 메두사의 목을 베어 오던 페르세우스는, 바다의 괴물로부터 나라를 보호하기 위해 제물로 바쳐져 해변의 바위에 묶여 있던 안드로메다를 구하여 아내로 삼았다.

　그 후 페르세우스는 아르고스를 떠나 티린스로 가서 왕이 되었다고 전해진다. 이들은 7명의 자식을 낳았으며, 죽은 뒤에는 함께 별자리를 이루었다고 한다.

오비디우스의 변신 이야기

| 제9장 |

헤라클레스의 영웅담

MYTHS
O   F
GREECE
A   N   D
R   O   M   E

은하수의 기원

제우스와 알크메네 사이에서 태어난
헤라클레스는 불사의 몸을 얻기 위해 헤라 여신의
젖을 얻는데 그 일로 은하수가 생겨난다.

헤라클레스는 살아서 인간이었지만, 죽어서는 신이 된 인물이다. 헤라클레스의 어머니 알크메네는 테베에 사는 암피트리온과 결혼한 사이지만 암피트리온이 원정길에 나갔을 때 제우스가 암피트리온의 모습으로 변신하여 알크메네와 사랑하여 헤라클레스를 낳았다.

알크메네는 쌍둥이를 낳았는데, 제우스의 아들 헤라클레스와 알크메네의 아들 이피클레스이다. 제우스는 헤라클레스의 출산을 앞두고 곧 태어날 아이가 아르고스의 왕이 될 것이라 암시를 하였다.

제우스와 헤라
제임스 배리 (James Barrie)

제우스와 헤라는 부부이지만 제우스의 바람기에 헤라는 질투의 화신이 된다.

　이에 질투를 느낀 헤라는 태어날 아이가 헤라클레스임을 알고 알크메네의 출산을 늦추고 헤라클레스의 사촌인 에우리스테우스의 출산을 석 달이나 당겨서 먼저 태어나게 하여 그가 아르고스의 왕이 되게 하였다.

　헤라클레스가 태어난 후 제우스는 헤라클레스에게 신에게 버금가는 능력을 주고 싶었다.

은하수의 기원
틴토레토 (Tintoretto)

제우스는 아기 헤라클레스가 영원한 삶을 살도록 하기 위해 헤라 몰래 그녀의 젖을 주려고 한다. 그런데 아기 헤라클레스가 젖을 빠는 힘이 너무 센 나머지 헤라가 놀라 흘린 젖이 은하수가 되었다고 한다.

가장 중요한 것이 영원한 삶이었다. 이를 위해 제우스는 어린 헤라클레스에게 잠이 든 헤라의 젖을 물렸다. 그런데 젖을 빠는 힘이 어찌나 센지 헤라가 잠에서 깨어나 헤라클레스를 뿌리쳤다. 이때 헤라의 젖이 밖으로 튀었는데, 이것이 은하수가 되었다고 한다.

헤라클레스의 선택

고통이 없고 오로지 쾌락만이 존재하는
길과 고통이 따르지만 의로운 길 중
헤라클레스는 고통의 길을 선택한다.

헤라클레스와 이피클레스가 생후 8개월쯤 되었을 때, 헤라는 그들을 죽이기 위해 두 마리의 독사를 보냈다. 뱀을 본 이피클레스는 무서워하여 울음을 터뜨렸지만, 헤라클레스는 뱀을 손으로 목졸라 죽였다. 헤라클레스는 어릴 때부터 용감하고 힘이 셌지만, 성격이 매우 난폭하고 거칠었으며 쉽게 참지 못하였다.

헤라클레스는 성인이 다 되었을 무렵에 꿈인지 생시인지 모를 이상야릇한 상황에 빠지게 되었다.

독사를 죽이는 어린 헤라클레스 조각상

헤라클레스 앞에 두 명의 여신이 나타났다.

한 명은 욕망이라는 이름을 가진 요염하게 생긴 여신으로 그녀는 자신과 같이 가는 길은 고통이 없고 언제나 쾌락이 있을 거라고 유혹하였다.

헤라클레스의 선택
안니발레 카라치 (Annibale Carracci)

헤라클레스가 여신들이 제시하는 두 가지의 갈림길에서 갈등하는 장면을 그린 그림이다. 그는 힘
들지만 영웅다운 길을 선택한다.

다른 한 명은 덕성이라는 이름을 가진 여신이었다. 이 여신은 자신
과 함께 가는 길은 고통의 길이고 몹시 힘들지만, 의로운 길이며 참된
행복을 얻을 수 있는 길이라고 하였다.

헤라클레스는 두 가지 길 중 어느 하나를 선택해야만 했다. 그리고
고민 끝에 덕성의 여신과 함께 가기로 했다. 즉 헤라클레스는 어렵고
힘든 길이라 하더라도 의롭고 옳은 길을 가야겠다고 결심하고 그 길
을 선택하였다.

미쳐 버린 헤라클레스

헤라클레스는 테베 왕을 도와 그의 딸과
결혼하여 행복한 생활을 한다.
그러나 헤라의 저주로 미쳐 버리는데…….

헤라클레스는 늠름한 청년이 되어 테베 왕의 일을 돕고 있었다.

테베의 오랜 숙적이었던 오르코메노스의 왕이 테베로 쳐들어왔다.
헤라클레스는 그들을 맞아 용감히 싸웠고, 대승을 거두었다. 테베의
왕 크레온은 감사의 표시로 헤라클레스와 자신의 딸 메가라를 결혼
시켰다.

헤라클레스와 메가라는 아들 셋을 낳고 한동안 행복하게 살았다. 헤
라는 헤라클레스가 결혼하여 잘 지내는 것을 보고 저주를 내렸다. 어느
날 헤라는 헤라클레스를 미치게 만들었다. 미쳐 버린 헤라클레스의 눈

미쳐서 자식을 죽이는 헤라클레스 조각상

에는 아내인 메가라가 암사자로 보이고, 아이들은 하이에나로 보였다.

결국 그는 아내와 아들 셋을 죽여버렸다.

정신을 차린 헤라클레스는 자신이 한 짓을 보고 통곡하였지만 돌이킬 수 없는 일이었다. 그래서 자신이 저지른 죄를 씻기 위해 델포이 신전으로 가서 그 방법에 대해 신탁을 물었다.

델포이의 신탁은 헤라클레스의 사촌이고, 미케네와 티린스의 왕인 에우리스테우스를 찾아가서 그에게 봉사하라는 것이었다.

술 취한 헤라클레스
페테르 파울 루벤스 (Peter Paul Rubens)

헤라클레스는 잘 참지 못하는 자신의 성격 때문에 많은 실수를 저지른다.

네메아의 사자

헤라클레스는 자신이 저지른 과오를
속죄하기 위해 12가지의 노역을 치르게 된다.
그 첫 번째 노역은 네메아의 무서운 사자와
대결하는 일이었다.

헤라클레스가 받은 열두 가지 과업 중 첫 번째는 네메아에 나타나는 사자를 죽여 그 가죽을 가져가는 것이었다.

그러나 사자는 그 어떤 무기로도 죽일 수 없었다.

이런 사실을 모르는 헤라클레스는 사자를 죽이기 위해 화살을 몇 개 준비했다. 그렇지만 온 힘을 다해 활을 쏘아도 사자의 두꺼운 털가죽 때문에 화살이 튕겨 나왔다. 이를 본 그는 사자를 죽일 방법을 곰곰이 생각해 보았다. 그리고 헤라클레스는 사자가 동굴로 들어오도록

네메아의 사자를 무찌르는 헤라클레스

유인했다. 어두운 동굴 안에서 헤라클레스는 사자를 몽둥이로 친 후,
자신의 엄청난 힘을 이용하여 사자를 목졸라 죽였다.

사자를 죽인 후, 헤라클레스는 자신의 칼로 사자의 가죽을 벗겨 내려
고 했다. 그러나 칼이 사자의 가죽에 들어가지 않았다.

다른 어떤 것으로도 사자의 가죽을 벗겨 내기는 불가능하였다. 그
때 아테나가 사자의 발톱을 이용하라고 조언해 주었다. 그렇게 하여

네메아 사자의 목을 치는 헤라클레스
야콥 요르단스 (Jacob Jordaens)

헤라클레스는 첫 번째 노역인 네메아의 사자를 제압하고 사자의 가죽을 벗긴다. 이때부터 미술작품에서는 헤라클레스가 사자 가죽을 착용하고, 몽둥이를 든 모습으로 그려지고 있다.

사자의 가죽을 벗길 수 있었다.

에우리스테우스는 사자의 가죽을 가지고 온 헤라클레스가 두려웠다. 그래서 헤라클레스가 도시로 들어오지 못하게 했다.

결국 헤라클레스는 도시 밖에서 자신의 과업 결과를 에우리스테우스에게 보고해야 했다.

레르나의 독사 히드라

두 번째 노역은 독사 히드라를 처치하는
일로 헤라클레스는 레르나로 향한다.

　헤라클레스의 두 번째 과업은 무서운 물뱀인 히드라를 제거하는 것
이었다. 이 히드라는 머리가 아홉 개 달린 괴물로 아르고스 지역에 사
는 사람들을 괴롭혔고, 아미모네 샘 근처에 있는 늪에 살고 있었다. 히
드라는 머리 중 여덟 개는 하나가 잘리면 두 개가 생기는 머리였고, 나
머지 하나는 절대 죽지 않는 머리였다. 또한 히드라는 살갗에만 닿아
도 죽는 무시무시한 독을 갖고 있었다.

　이런 히드라를 죽인다는 것은 거의 불가능한 일이었다. 헤라클레스

히드라와 싸우는 헤라클레스 조각상

는 조카 이올라오스를 데리고 갔다. 헤라클레스가 히드라의 머리를
자르면 이올라오스가 불로 지져서 다시는 머리가 나오지 않게 했다.

이렇게 해서 여덟 개의 머리는 모두 잘랐다. 그리고 마지막 남은 죽
지 않는 머리를 잘라 큰 바위 밑에 묻어서 몸체와 만나지 못하게 했다.

헤라클레스는 히드라의 독을 채취하여 가지고 다녔다. 그리고 필요
할 때면 화살촉에 독을 묻혀 사용했다. 그러나 이 독이 나중에 자신을
죽게 만든다는 사실은 알지 못했다.

헤라클레스와 히드라
귀스타브 모로 (Gustave Moreau)

케리네이아의 암사슴

세 번째 노역은 민첩하기 이를 데 없는
케리네이아의 암사슴을 생포하는 일로
헤라클레스는 일 년 동안 암사슴을 추격하였다.

헤라클레스의 세 번째 과업은 케리네이아의 암사슴을 산 채로 잡아 오는 것이었다. 에우리스테우스는 그때까지 헤라클레스가 수행한 괴물을 죽이는 과업이 너무 쉬웠다고 생각했다. 그래서 그는 헤라클레스가 케리네이아의 암사슴을 상처 하나 없이 생포하여 미케네로 데리고 오라는 세 번째 과업을 주었다.

헤라클레스는 일 년 동안 화살처럼 빠른 사슴을 뒤쫓았다.

어느 날 달아나다가 지친 사슴이 라돈 강에서 쉬고 있을 때, 그는 피

케리네이아의 암사슴 벽화

가 나지 않도록 사슴의 뒷다리 뼈와 근육 사이에 독이 없는 화살을 쏘
았다. 그리고 사슴을 생포한 후 도망치지 못하도록 만들어 미케네로
데려갔다.

에우리스테우스는 아르테미스 여신이 자신의 사슴을 잡아간 헤라클
레스에게 벌을 줄 것이라고 생각했다.

헤라클레스는 미케네로 돌아오던 중 우연히 만난 아르테미스에게
사슴을 데려간 것은 자신이 지은 죄를 속죄하기 위한 일이었다며 용서
를 구했다. 또한 원래 자리에 사슴을 데려다 놓겠다고 약속했다. 이에
아르테미스는 헤라클레스를 용서하였다.

케리네이아의 암사슴 부조

에리만토스의 멧돼지

네 번째 노역은 농작물을 파헤쳐 농부들에게
피해를 주는 에리만토스의 멧돼지를
생포하는 일이었다. 헤라클레스는 네 번째
과업을 완수하였으나 또 다른 일에 말려든다.

에우리스테우스가 헤라클레스에게 내린 네 번째 과업은 에리만토스
산에 사는 멧돼지를 생포하는 일이었다.

그 멧돼지는 에리만토스 산에서 아르골리스로 내려와 농작물을 파
헤쳐 못쓰게 만들고, 사냥꾼과 사람들을 해쳤다. 그러나 아주 빨리 달
렸기 때문에 아무도 그 멧돼지를 잡지 못했다.

헤라클레스는 일 년간 멧돼지를 추격한 끝에 눈속에 멧돼지를 몰아
넣어 지치게 하여 생포했다. 멧돼지를 생포한 헤라클레스는 돌아가는

에리만토스의 멧돼지를 생포하는 헤라클레스 조각상

길에 상반신이 사람이고 하반신이 말인 켄타우로스 족 폴로스를 만났
다. 폴로스는 연회를 열어 헤라클레스를 환대하였다.

켄타우로스와 싸우는 헤라클레스
봉 불로뉴 (Bon Boullogne)

뜻하지 않게 벌어진 켄타우로스와의 싸움에서 헤라클레스는 실수로 켄타우로스의 현자인 케이론을 쏘아 맞히고 말았다. 그러자 케이론은 마음의 고통에 사무쳐 지냈다고 한다. 그 후 케이론은 죽지 못하고 제우스의 명으로 하늘로 올라가 사수자리가 되었다.

폴로스는 헤라클레스를 위해 디오니소스가 준 포도주 항아리를 내놓았다. 이에 다른 켄타우로스들이 몰려들어 서로 포도주를 먼저 마시겠다고 다투었다. 그러자 연회장은 난장판이 되었다. 화가 머리 끝까지 난 헤라클레스는 50명의 켄타우로스를 히드라의 독을 묻힌 화살로 쏘아 죽여버렸다.

그리고 헤라클레스가 사로잡은 멧돼지를 가져갔을 때, 에우리스테우스는 크게 기겁을 하고 청동 항아리에 숨었다.

아우게이아스의 외양간

다섯 번째 노역은 30년 동안 한 번도 치우지 않았던 아우게이아스의 외양간을 청소하는 일이었다. 문제는 하루 만에 깨끗이 청소해야 했는데, 헤라클레스는 지혜를 발휘한다.

　에우리스테우스가 내린 헤라클레스의 다섯 번째 과업은 아우게이아스의 3천 마리의 외양간을 치우는 일이었다.

　이 외양간은 30년 동안 한 번도 치우지 않았다. 헤라클레스는 아우게이아스를 만나 외양간을 깨끗이 치워 주는 조건으로 소 3백 마리를 달라고 했다. 아우게이아스는 하루 만에 외양간을 청소해야 하고, 이를 지키지 못할 때는 헤라클레스를 종으로 삼겠다고 했다.

　헤라클레스는 외양간의 양쪽 벽을 허물고 알페이오스 강을 페네이오

아우게이아스의 외양간을 청소하는 헤라클레스

스 강에 흐르게 하여 하루 만에 외양간을 치웠다. 그런데 아우게이아
스는 헤라클레스가 에우리스테우스의 명령으로 자신의 외양간을 청소
한 것임을 알게 되었다.

그래서 아우게이아스는 헤라클레스와의 계약을 부인하였다. 또 에
우리스테우스도 아우게이아스와 계약을 했다는 구실로 이 과업을 열
두 가지 과업에서 제외하였다.

아우게이아스와의 약속이 지켜지지 않자, 분노한 헤라클레스는 쌍
둥이 형제인 이피클레스와 병사들을 이끌고 가 전쟁을 벌여 아우게이

아우게이아스의 외양간을 청소하는 헤라클레스

헤라클레스는 아우게이아스에게 소 300마리를 받기로 하고, 30년 동안 청소하지 않은 아우게이아스의 외양간을 하루 만에 청소한다.

아스를 죽인다. 그리고 이피클레스의 아들을 왕으로 세웠다. 그러나 이 전쟁에서 이피클레스는 아우게이아스에게 목숨을 잃게 된다.

스팀팔로스의 괴물 새

여섯 번째 노역은 스팀팔로스 호수에
살고 있는 괴물 새들을 처치하는 일로
아테나 여신의 도움을 받게 된다.

헤라클레스의 여섯 번째 과업은 스팀팔로스에 있는 괴물 새를 죽이
는 것이었다. 스팀팔로스의 괴물 새는 사람을 잡아먹는 새였다. 이 괴
물 새는 청동 날개를 달고 날아다니면서 사람들을 공격하였고, 스팀팔
로스 호숫가에서 살고 있었다. 헤라클레스의 외증조부 펠롭스가 우호
를 다지는 외교를 빙자하여 초대한 아르카디아의 왕을 죽인 뒤 스팀팔
로스의 늪에 던져 버린 일이 있었다.

그 일로 펠롭스는 신뢰를 배신하였다고 하여 신들의 노여움을 샀고,

괴물 새를 향해 활을 쏘는 헤라클레스

헤라클레스의 열두 가지 노역 중 여섯 번째는 스팀 팔로스의 괴물 새를 처치하는 일이었다. 헤라클레스는 많은 괴물 새를 처치하기 위해 징을 울리며 새들을 놀라게 하여 처치하였다.

이 괴물 새들이 출현하여 스팀팔로스 숲을 황폐화시켰다. 헤라클레스는 히드라의 독이 묻은 화살로 괴성을 지르는 괴물 새를 쏘았다. 그러나 새의 수가 너무 많아 화살로 잡을 수가 없었다.

이때 여신 아테나가 나타나 그에게 청동으로 된 징을 주었다. 헤라클레스가 징을 울리며 노래를 부르자, 새들이 놀라 하늘로 날아올랐다. 또한 헤라클레스는 청동방패를 두들겨 괴물 새들보다 더 큰 소리를 내었다. 그러자 괴물 새들은 놀라서 자기들끼리 부딪치고 날카로운 부리로 쪼아 서로를 공격하였다.

하늘은 온통 혼란스러운 상황이 되었고, 결국 괴물 새들은 늪으로 추락하여 죽고 말았다.

헤라클레스는 여섯 번째 과업도 성공하였다.

괴물 새에게 활을 쏘는 헤라클레스
귀스타브 모로 (Gustave Moreau)

크레타의 황소

일곱 번째 노역은 제우스가 크레타의
황소 몸을 빌려 에우로페를 납치했던
바로 그 황소를 생포하는 일이었다.

에우리스테우스는 크레타의 미노스 왕으로부터 크레타 섬을 황폐화
시키는 황소를 처치해 달라는 부탁을 받았다. 그러자 그는 헤라클레
스에게 그 황소를 처치하는 과업을 내린다. 황소는 제우스가 에우로페
를 납치하려고 황소로 변신할 때 잠시 몸을 빌렸던 것으로, 이후 지나
치게 난폭하여 골칫거리가 되었다.

다른 설에 의하면, 미노스가 포세이돈에게 자신을 왕으로 만들어 주
면 포세이돈을 주신으로 모시겠다고 약속했는데, 왕이 된 미노스가 오

크레타의 황소를 제압하는 헤라클레스 조각상

만해져서 약속을 어기자, 이에 포세이돈이 이 황소를 보냈다고 한다. 그런데 미노스의 왕비인 파시파에가 그 황소를 좋아하게 되어, 파시파에는 임신을 하여 아들인 미노타우로스를 낳았다고 한다.

크레타 섬으로 간 헤라클레스는 황소를 잡아가도 좋다는 미노스 왕의 허락을 받은 후 맨손으로 황소를 사로잡았다. 헤라클레스가 미케네로 황소를 데려오자, 에우리스테우스는 이 황소를 헤라에게 바치려고 했다. 그렇지만 헤라는 황소 선물을 거절하였다.

결국 황소는 헤라클레스가 풀어주어 아티케의 마라톤 평원을 돌아다니게 되었고, 나중에 테세우스가 소란을 피우던 이 황소를 죽였다.

크레타 섬의 황소를 사로잡는 헤라클레스
코르넬리스 반 하를렘 (Cornelis van Haarlem)

헤라클레스는 크레타의 황소를 사로잡기 위해 나무 위에 올라 황소가 지나기를 기다렸다가 그 등
위로 뛰어내려 한동안 실랑이를 벌인 끝에 항복을 받아 냈다.

디오메데스의 야생마

여덟 번째 노역은 인육을 먹는
디오메데스의 말들을 생포하는 일이었다.
말들의 주인인 디오메데스와
목숨을 건 씨름이 벌어지는데…….

헤라클레스에게 주어진 여덟 번째 과업은 트라키아에 있는 디오메데스의 말을 잡아 오는 것이었다. 디오메데스는 자신이 기르는 말에게 인육을 먹였다. 나라 안의 범죄자나 사형수를 암말의 먹이로 주었고, 인육이 부족하자 그는 지나가는 여행객에게 시비를 걸거나 씨름을 하자고 제안한 뒤 패한 사람을 자신의 암말의 먹이로 주었다.

여행객으로 가장하여 트라키아로 간 헤라클레스는 디오메데스와의 씨름에서 승리를 거둔 뒤, 디오메데스를 말에게 먹여 버렸다.

디오메데스의 야생마
귀스타브 모로 (Gustave Moreau)

　이때부터 인육 맛을 잃어버린 암말들은 다시는 사람의 고기를 먹지
않았다고 한다.

히폴리테의 허리띠

여인들만 사는 아마존의 여자들은 남자 못지않은
용맹한 여전사들이다.
아마존의 여왕 히폴리테의 허리띠를 얻기 위해
금남의 구역으로 들어간
헤라클레스는 헤라 여신의 질투로
엄청난 일을 저지르고 만다.

　헤라클레스가 수행한 아홉 번째 과업은 아마존의 여왕 히폴리테의
마법 허리띠를 가져오는 일이었다.

　히폴리테는 전쟁의 신 아레스의 딸이었다. 아레스가 딸을 위해 그
마법의 허리띠를 선물하여 히폴리테의 허리띠로 불린다. 그러나 에우
리스테우스는 딸이 그 허리띠를 갖고 싶어했기 때문에, 헤라클레스에
게 허리띠를 가져오라는 과업을 맡겼다.

헤라클레스와 히폴리테
니콜라우스 누퍼 (Nicolaus Knupfer)

헤라클레스와 아마존 여전사가 전투를 벌이는 장면이 새겨진 그리스 도기

그런데 아마존까지 가는 길은 워낙 험난했다. 헤라클레스가 아마존
에 무사히 도착하자, 여왕 히폴리테는 그의 용모에 반하여 자신의 허
리띠를 주겠다고 약속했다. 그러나 너무 쉽게 과업이 진행되자, 헤라
가 농간을 부렸다. 헤라는 헤라클레스가 아마존 족의 여왕 히폴리테를
납치할 것이라는 거짓 소문을 냈다. 이에 격분한 아마존 족의 여전사
들이 헤라클레스를 공격했다.

헤라클레스와 아마존 여전사가 전투를 벌이는 조각상

　화가 난 헤라클레스는 히폴리테가 자신을 배신한 것으로 오해하여 여왕 히폴리테와 여전사들을 죽였다. 그리고 헤라클레스는 히폴리테의 허리띠를 미케네의 에우리스테우스에게 갖다주며 아홉 번째의 과업을 달성하였다.

게리온의 황소

열 번째 노역은 메두사의 손자인
게리온의 황소들을 몰고 오는 일이었다.
그러나 먼저 포세이돈과 아폴론의
신들의 시험에 맞닥뜨리게 된다.

헤라클레스가 받은 열 번째 과업은 게리온의 황소들을 몰고 오는 일
이었다.

게리온은 메두사의 손자이며, 몸과 머리가 세 개인 괴물이다. 게리
온은 목동 에우리티온을 고용하여 그의 가축을 보호하고 있었다. 헤라
클레스가 오케아노스 강을 배로 건널 때, 그의 자질을 시험하려고 포
세이돈이 파도를 보냈고, 아폴론은 헤라클레스에게 다가갔다. 그러자
헤라클레스는 히드라의 독이 묻은 화살을 들며 두 신을 위협했다.

게리온의 소와 헤라클레스 부조

카쿠스를 죽이는 헤라클레스
프랑수아 르무안 (François Lemoyne)

소의 울음소리 때문에 카쿠스가 소를 훔친 것이 발각되었고, 헤라클레스는 그를 죽이고 소를 되찾는다.

헤라클레스의 용기에 감탄한 아폴론은 매일 저녁 그가 서쪽에서 동쪽으로 타고 오는 접시를 헤라클레스에게 빌려주어 바다를 건너게 했다. 헤라클레스는 아무도 모르게 게리온의 황소 떼를 몰고 나오다가 목동 에우리티온과 개인 오르트로스에게 발각되자, 그들을 죽인 다음 소들을 배에 태워 달아났다. 이 사실을 안 게리온이 추격해 오자, 헤라클레스는 화살로 게리온을 처치하였다.

헤라클레스는 황소들을 몰고 돌아오는 길에 카쿠스가 훔쳐 가기도 했지만 다시 찾아, 황소 떼를 몰고 에우리스테우스에게 갔다.

이로써 그는 열 번째 과업도 성공적으로 끝냈다.

헤스페리데스 정원의 황금 사과

헤라클레스의 열한 번째 노역은 누구에게도 장소가
밝혀지지 않은 황금 사과를 따오는 일이었다.
헤라클레스 역시 황금 사과가 열린 장소를 모르는데,
프로메테우스를 만나 실마리를 찾게 된다.

헤라클레스가 받은 열한 번째 과업은 님프 헤스페리데스 자매의 황
금 사과를 훔쳐 오는 일이었다. 헤라클레스에게는 이번 일이 가장 어려
웠다. 왜냐하면 그 황금 사과가 어디 있는지를 몰랐기 때문이다.

그 황금 사과는 대지의 여신 가이아가 결혼 선물로 준 나무에서 나
는 것으로, 헤라는 헤스페리데스 자매와 잠을 자지 않는 용 라돈에게
그 나무를 지키게 했다. 수소문 끝에 코카서스 산으로 간 헤라클레스는
프로메테우스에게 그의 운명도 구하고 묶인 쇠사슬로부터 자유로울

코카서스 절벽의 프로메테우스
토마스 콜 (Thomas Cole)

인간에게 불을 준 벌로 코카서스 절벽에 결박되어 독수리에게 간을 뜯기는 형벌을 받고 있던 프로메테우스는 헤라클레스를 만나 결박에서 풀려난다.

수 있도록 만들어 주었다. 그러자 프로메테우스는 그에게 아틀라스를 통해 사과를 따게 하는 방법을 일러 주었다. 헤라클레스는 서쪽 대양에서 하늘을 양 어깨로 받치는 벌을 받고 있는 아틀라스를 만났다. 헤라클레스는 헤스페리데스 자매의 삼촌인 아틀라스에게 자신이 하늘을 대신 짊어지고 있을 테니 황금 사과를 따다 달라고 부탁했다.

그러자 아틀라스는 우선 황금 사과나무를 지키고 있는 라돈이라는 용을 죽여 달라고 말했다.

헤라클레스는 용을 잘 겨냥해서 활을 당겼다. 화살은 라돈의 몸을 정확하게 꿰뚫었고, 라돈은 나무에서 미끄러져 죽었다.

헤스페리데스의 정원
프레네릭 레이튼 (Frederic Leighton)

헤라의 황금 사과나무를 지키는 헤스페리데스 요정들은 잠을 자지만, 용은 잠을 자지 않았다고
한다.

헤라클레스와 아틀라스

아틀라스와의 약속으로 하늘을 짊어진 헤라클레스,
그러나 약속대로 황금 사과를 가져온 아틀라스는
하늘을 짊어지지 않으려 했다.
절대 위기 속에 헤라클레스는 지혜를 발휘한다.

헤라클레스가 하늘을 대신 짊어지자, 아틀라스는 황금 사과를 가지러 갔다. 헤라클레스는 밤새도록 하늘을 떠받치고 있느라 초죽음이 되었다. 아침 해가 떠오를 무렵에야 아틀라스가 황금 사과 세 개를 따 가지고 돌아왔다. 그러나 그는 하늘을 다시 짊어지려 하지 않았다.

"이 사과는 내가 에우리스테우스 왕에게 가져가야겠네. 나도 이제 무거운 하늘을 다른 자에게 맡기고 편해지고 싶어."

헤라클레스는 정신이 번쩍 들었다. 잘못하면 평생 하늘을 짊어져야

하늘을 짊어진 헤라클레스
헤라클레스는 황금 사과를 얻기 위해 아틀라스 대신에 하늘을 짊어지게 된다.

하기 때문이다. 그러나 그는 한 가지 묘안을 생각하고는 웃으면서 아틀
라스에게 말했다.

하늘을 짊어진 헤라클레스
존 싱어 사전트 (John Singer Sargent)

아틀라스는 티탄 족으로 올림포스 신들과의 전쟁에서 패한 후 하늘을 짊어지는 벌을 받았다.

"하늘을 제대로 어깨에 올려놓지 않았더니 어깨가 빠개질 듯이 아프군요. 당신이 아프지 않게 올려놓을 수 있는 요령을 가르쳐 준다면, 돌아올 동안 내가 대신 하늘을 짊어지고 있지요."

그러자 아틀라스는 황금 사과를 땅에 내려놓고 헤라클레스에게 하늘을 건네받으며 요령을 알려 주었다. 아틀라스에게 하늘을 넘겨준 헤라클레스는 무사히 황금 사과를 가지고 그 자리에서 도망쳤다. 그리고 에우리스테우스에게 황금 사과를 넘겨주었다.

헤라클레스와 케르베로스

헤라클레스의 마지막 노역은 명부의
수문장 케르베로스를 데리고 오는 일이었다.
머리 셋 달린 사나운 개 케르베로스는
헤라클레스를 따를 것인가?

헤라클레스의 열두 번째 과업은 지하세계를 지키는 케르베로스를 데려오는 일이었다. 케르베로스는 뱀의 꼬리에 개의 머리가 셋 달린 괴물이었다.

헤라클레스는 헤르메스가 가르쳐 준 길을 따라 지하세계로 내려갔다. 그런데 지하세계로 가면 누구도 살아 돌아오지 못하는 곳이다. 헤라클레스는 하데스를 만나 자신의 과업을 설명하였다. 그러자 하데스는 무기를 사용하지 않고 힘으로 데려갈 수 있으면 데려가도 좋다고 하

헤라클레스와 케르베로스가 있는 그리스 도기

며, 그리고 과업을 마친 후에는 반드시 지하세계로 다시 데려와야 한다고 말했다.

헤라클레스는 무기를 쓰지 않고 힘만으로 케르베로스를 제압했다.

그는 케르베로스의 목을 졸라 잠시 기절시켜서 땅으로 데리고 올라가 에우리스테우스에게 갔다. 그런 다음 헤라클레스는 자신의 과업을 완수하였기에 케르베로스를 지하세계로 다시 돌려보내 주었다. 이렇게 하여 헤라클레스는 12가지 과업을 모두 완수하였고, 에우리스테우스는 귀가 먹고 벙어리가 되고 말았다. 또한 헤라클레스는 아내와 자식을 죽인 자신의 죄를 용서받았다고 한다.

케르베로스를 데리고 지하세계를 나오는 헤라클레스
요한 콜러 (Johann Koler)

케르베로스는 개의 머리가 셋 달린 괴물로 지하세계인 명부의 입구를 지키는 일을 하고 있다.

헤라클레스와 옴팔레

영웅이면서 남성상으로 상징되는
헤라클레스는 친구를 죽여 그 죗값으로
옴팔레의 노예가 된다. 그리고 그는 여자와 같은
생활을 강요당하는 수모를 겪어야 했다.

헤라클레스는 어느 날 정신이 이상해져서 친구인 이피토스를 죽인 일이 있었다. 그는 이 일로 인하여 3년 동안 리디아의 여왕 옴팔레의 노예가 되라는 벌을 받았다.

헤라클레스는 옴팔레의 노예로 지내면서 여자 같은 생활을 했다. 때때로 그는 여자들의 옷을 입기도 하였으며, 옴팔레의 시녀들과 실을 잣기도 했다.

그동안 옴팔레 여왕은 그의 사자 모피를 입고 몽둥이를 들고 있었다.

옴팔레와 여인들로부터 조롱받는 헤라클레스
베르나르도 카발리노 (Bernardo Cavallino)

헤라클레스는 친구를 죽인 죄로 리디아의 여왕 옴팔레의 노예가 되어 강인한 남성상을 버리고 3년 동안 여성상으로 지내야 했다.

　　헤라클레스는 아주 얌전하게 옴팔레 여왕을 대하고 따랐다. 그리고 두 사람 사이에서 아들 라모스를 낳기도 했다.

헤라클레스와 옴팔레
바르톨로메우스 스프랑헤르 (Bartholomaeus Spranger)

헤라클레스가 여자의 옷을 입고 머리에는 여자 화장을 하고 있다. 옴팔레는 헤라클레스의 몽둥이를 들고 있다.

헤라클레스와 피그미 족

*걸리버 여행기의 모티브가 되었던
헤라클레스와 피그미 족의 기상천외한
이야기가 펼쳐진다.*

피그미란 난쟁이 또는 왜소 종족이다. 피그미란 그리스어로 팔의 척도 단위로, 팔꿈치에서 가운뎃손가락까지의 길이를 말하는 것인데, 대략 33센티미터 정도의 길이를 의미한다.

그리스 신화에 의하면 피그미들은 나일 강 근처, 혹은 다른 설에 의하면 인도에 살고 있었다고 한다. 호메로스가 쓴 글에 의하면 매년 겨울이 되어 나타나는 두루미의 출현은 피그미 족에게 있어서 유혈의 투쟁을 알리는 신호라고 했다.

헤라클레스와 피그미 족
소 루카스 크라나흐 (Lucas Cranach der Jüngere)

피그미들은 무기를 들고 두루미라는 외부에서 온 약탈자로부터 그들의 옥수수 밭을 지키지 않으면 안 되었기 때문이었다.

이 피그미와 그들의 적인 두루미 간의 싸움은 많은 예술가들의 작품 소재가 되었다. 후대의 작가들이 쓴 글에 의하면, 피그미의 옥수수 밭에 헤라클레스가 잠든 것을 발견하고는 마치 한 도시를 공격하는 것처럼 피그미 군대가 그를 공격할 준비를 했다.

그러나 헤라클레스가 잠에서 깨어나 작은 피그미 군사들을 보고 웃으며, 그 중 몇 사람을 사자의 가죽에 싸서 에우리스테우스에게 갖다주었다. 이것이 걸리버 여행기의 모티브가 되었다.

헤라클레스와 피그미
도소 도시 (Dosso Dossi)

피그미들의 최대 적은 두루미로 그들은 자신들의 보고인 옥수수 밭을 지키기 위해 전쟁을 치른다.
헤라클레스는 용감한 피그미들에 의해 공격을 받으나 오히려 그들의 일부를 기념품처럼 데리고
간다.

데이아네이라의 납치

헤라클레스의 아름다운 아내 데이아네이라를
납치하려다 헤라클레스로부터 죽임을 당한
네소스는 죽기 전 저주를 남긴다.

헤라클레스는 모든 과업을 끝낸 후 데이아네이라와 결혼하여 행복
하게 살았다. 그러던 어느 날 아내와 함께 여행을 하던 중 어떤 강에 이
르렀다. 그곳에는 켄타우로스 족의 네소스라는 자가 삯을 받고서 길손
을 건네주고 있었다.

헤라클레스 자신은 걸어서 건넜지만, 아내는 네소스에게 건네 달라
고 부탁했다. 그런데 네소스는 그녀를 데리고 가 겁탈하려고 했다. 헤
라클레스가 그녀의 비명을 듣고 달려가 화살을 쏘았다.

데이아네이라를 납치하는 네소스 조각상

네소스는 죽으면서 데이아네이라에게 남편의 사랑을 유지할 수 있는 주문으로 쓰도록 자신의 피를 간직해 두라고 했다.

데이아네이라는 그 피를 간직했다. 그리고 얼마 가지 않아 그녀는 그 것을 사용할 때가 왔다고 생각하게 되었다. 헤라클레스가 모험을 펼치는 도중에 이올레라는 한 처녀를 포로로 붙잡았는데 데이아네이라는 헤라클레스가 그 처녀를 좋아하는 것으로 생각했다.

헤라클레스는 신들에게 희생물을 바치기 위해 입을 흰 가운을 가지고 오도록 아내에게 사람을 보냈다. 데이아네이라는 사랑의 주문을 시험할 절호의 기회라고 여겨 그 옷에 네소스의 피를 적셨다.

데이아네이라를 납치하는 네소스
귀도 레니 (Guido Reni)

헤라클레스의 죽음

네소스의 저주로 불사의 몸인
헤라클레스는 죽음을 선택하여
장작불에 스스로 몸을 던진다.

데이아네이라는 조심스럽게 그 피의 흔적을 남김없이 씻어 버렸지
만 마력은 남아 있었다. 헤라클레스가 그 옷을 입자 마력의 독이 그의
전신에 퍼져 참을 수 없는 통증이 그의 몸을 갈기갈기 찢는 듯했다.

헤라클레스는 혼란스런 마음으로 옷을 갖고 온 리카스를 붙잡아서
바닷속으로 던져 버렸다.

그는 옷을 벗으려 애를 썼지만 옷은 몸을 점점 더 죄었다.

헤라클레스는 고통에 몸부림치며 광란하였고, 사람들은 그런 그를

장작 위의 헤라클레스
귀도 레니 (Guido Reni)

배에 태워 집으로 돌려보냈다. 이를 본 데이아네이라는 뜻하지 않은 자신의 실수에 끝내 목을 매 자살한다.

헤라클레스는 죽음을 각오하고 오이테 산에 올라 화장할 나무더미를 쌓고, 필록테테스에게 자기의 활과 화살을 준 뒤, 나무더미 위에 모피를 펴고 누워 머리에는 곤봉을 벤 채 엄숙한 표정으로 필록테테스에게 횃불로 불을 붙이라고 명령했다. 불을 붙이자 불길은 눈 깜짝할 사이에 퍼져서 곧 나무더미를 뒤덮고 말았다.

신들은 지상의 전사가 이와 같은 최후를 맞는 것을 보고 애통해하였다.

신이 된 헤라클레스

헤라클레스의 죽음은 신의 탄생이기도 했다.
천상에 오른 그는 헤라 여신과 화해를 하고
청춘의 여신 헤베와 결혼을 한다.

헤라클레스의 죽음에 모든 신들은 안타까워했지만, 제우스는 웃음을 띠고 신들에게 말했다.

"나는 그대들의 염려를 감사하게 생각한다. 나는 지상의 생명을 잃은 그를 이곳으로 데려오려고 하니, 그대들도 모두 그를 환영해 주었으면 한다. 비록 이러한 영광을 못마땅하게 여기는 자가 있더라도, 그가 그만한 것을 받을 만한 공적을 쌓았다는 것을 아무도 부인할 수는 없을 것이다."

헤라클레스를 안내하는 헤르메스
노엘 쿠아펠 (Noel Coypel)

신들은 제우스의 말을 듣고 모두 동의했다. 헤라는 마지막으로 한 말이 자신에게 한 것처럼 느껴져 조금 불쾌하였지만 남편의 결정을 못마땅하게 생각할 정도는 아니었다.

제우스는 헤라클레스를 구름으로 감싸고, 네 마리의 말이 끄는 이륜마차에 태워 하늘에 오르게 하여 별들 사이에서 살게 해 주었다. 헤라클레스가 하늘에 도착하였을 때, 아틀라스는 하늘이 더 무거워진 것 같았다. 그 후 헤라는 그동안의 미움을 다 버리고 헤라클레스와 화해하였고, 딸 헤베를 그에게 시집보냈다.

헤라클레스와 옴팔레
프랑수아 부셰 (François Boucher)

　헤라클레스와 옴팔레의 격정적인 밀회의 한 장면을 묘사한 그림이다. 헤라클레스는 친구 이피토스를 술자리에서 때려죽인 일이 있었는데, 그 죄과를 씻기 위해 여왕 옴팔레의 종이 되어 근신하고 있었다. 그런데 그가 맡는 임무는 괴물을 무찌르는 일이 아니라 전혀 어울리지 않게 여자들의 일을 하는 것이었다. 그런 가운데 옴팔레는 헤라클레스와 사랑을 나누게 되는데, 프랑수아 부셰는 매우 선정적으로 두 사람의 관계를 잘 묘사하였다.

　프랑수아 부셰는 로코코 미술의 대표적 화가로 로코코 미술 양식은 당시 귀족들의 전유물로 매우 화려하면서도 선정적인 그림의 주제가 많았다. 이러한 그림들은 귀족의 침실이나 왕을 위한 정부들의 침실에 걸리게 되었는데, 그들의 성적 유희의 자극제가 되었음은 말할 필요가 없을 것이다.

오비디우스의 변신 이야기

| 제10장 |

아테네의 영웅 테세우스

MYTHS
O   F
GREECE
A   N   D
ROME

아버지를 찾아나선 테세우스

아버지의 얼굴도 모르고 태어난 테세우스는
성장하여 어머니 아이트라의 권유로
아버지의 증표인 칼과 가죽 신을 지닌 채
아버지 아이게우스를 찾으러 떠난다.

테세우스는 아테네의 왕 아이게우스와 트로이젠의 왕 피테우스의
딸인 아이트라 사이에서 아들로 태어났다. 그는 트로이젠에서 자랐고,
청년이 되고서야 아테네로 가서 아버지 아이게우스와 만났다. 아버지
아이게우스는 테세우스가 태어나기 전 아테네로 떠나면서 자기의 칼
과 가죽 신발을 큰 돌 밑에 묻어 두었다. 그리고 나서 아내 아이트라와
작별을 할 때 이렇게 말했다.

"아들이 태어나 저 큰 돌을 움직여서 그 밑에 있는 물건들을 꺼낼

테세우스와 아이트라
니콜라 푸생 (Nicolas Poussin)

테세우스가 청년이 되자, 어머니 아이트라는 테세우스의 아버지 아이게우스의 정체를 알려주며
그 증표가 되는 물건을 찾아 아이게우스에게 가라고 한다. 테세우스의 이런 신화는 우리나라의
고구려 건국신화 중 주몽의 아들 유리가 부여를 떠나올 때의 장면과 흡사하다.

정도로 자라면 나에게로 보내시오.”

아들 테세우스가 장성하자, 아이트라는 이제는 아들과 헤어질 때라
고 생각했다. 아이트라는 아이게우스가 아테네로 떠나면서 자신에게
말한 그때가 왔다고 생각하고 큰 돌이 있는 곳으로 테세우스를 데리
고 갔다. 테세우스는 쉽게 돌을 움직여 그 밑에 있던 아이게우스의 칼
과 가죽 신발을 꺼냈다. 그리고 테세우스는 아버지를 만나러 아테네
로 갔다.

그가 집을 떠날 때, 그의 할아버지가 육로는 도적들이 들끓으므로 바
닷길을 이용하라고 말했다. 그러나 젊은 테세우스는 당시 명성이 높았
던 헤라클레스처럼 어려운 길을 선택하였다.

테세우스와 메디아

이아손으로부터 배신을 당한 메디아는
테세우스의 아버지 아이게우스의 부인이 되어
있었다. 그러나 그녀는 장성한 테세우스가
아테네에 나타나자 그를 독살하려 한다.

테세우스는 여행 도중에 만난 여러 가지 위험들을 물리치고 아테네
에 도착했다. 그런데 아테네에도 새로운 위험이 기다리고 있었다.

이아손으로부터 배신을 당하여 자신의 자식들을 죽이고 코린토스
를 불태운 마술사 메디아가 아테네에 있었다. 그것도 테세우스의 아버
지 아이게우스의 아내가 되어 있었다.

메디아는 마술로 테세우스의 정체를 알아냈고, 그가 남편의 아들
로 인정되면 남편이 자기를 소홀히 대할까 염려되었다. 그녀는 아이

독배를 권하는 메디아
윌리엄 러셀 (William Russell)

메디아는 테세우스의 정체를 알고 나서 독이 든 술을 권하여 그를 죽이려고 하였다.

게우스가 테세우스를 의심하게 만들고 테세우스에게 독배를 마시도록 권했다. 테세우스가 독이 든 잔을 받으려고 아이게우스 앞으로 나아갈 때, 테세우스가 차고 있던 자신의 칼을 보았다. 테세우스가 자신의 아들이라는 사실을 알게 된 아이게우스는 테세우스가 막 마시려고 하는 독배를 물리쳤다.

메디아는 자신이 꾸민 간계가 발각되자, 아시아로 달아났다. 나중에 아시아를 메디아라고 불렀는데, 이는 그녀의 이름에서 유래한 것이다. 그 후 테세우스는 아이게우스로부터 자신의 아들이라는 사실을 인정받았고, 왕의 후계자가 되었다.

미궁의 괴물 미노타우로스

반은 인간이고 반은 소인
미노타우로스는 한번 들어가면 나올 수
없는 미궁 속의 괴물이 되어 간다.

크레타의 미노스 왕은 다이달로스라는 사람에게 들어갈 수는 있어
도 도저히 빠져나올 수가 없는 미궁을 하나 만들라고 명령했다. 이 미
궁에 미노타우로스라는 괴물을 가두기 위한 조치였다.

미노타우로스는 머리만 소머리일 뿐 목 아래로는 사람과 조금도 다
름이 없는 괴물이었고, 사람의 고기를 먹어야 살 수 있는 심각한 골칫
거리였다. 하지만 이 괴물은 미노스의 왕비 파시파에와 포세이돈이 보
낸 황소 사이에서 태어난 아들과 다름없었기 때문에 미노스 왕은 그

미노타우로스
조지 프레데릭 와츠 (George Frederic Watts)

반은 인간, 반은 소인 미노타우로스

를 죽일 수가 없었다.

미노스 왕의 아들인 안드로게오스는 무술이 뛰어나 아테네의 무술 대회에 참가하여 그리스의 젊은이들을 모두 물리쳤다.

화가 난 아테네의 왕 아이게우스는 그를 들소 사냥에 참가시켜 들소에게 받혀 죽게 했다. 이 소식을 들은 미노스 왕은 함대를 모아 아테네를 공격했다. 이 공격에 당시 약소국이었던 아테네 쪽에서 너무나 간곡하게 사정을 봐 달라고 하자, 미노스 왕은 조공을 바치는 것으로 용서하기로 하였다.

그 조공은 해마다 7명의 소년과 7명의 소녀들을 보내어 미노스의 미궁에 살고 있는 미노타우로스에게 바치는 것이었다.

테세우스와 미노타우로스

아테네의 소년 소녀들은 미노타우로스의
제물이 되어 죽임을 당한다.
이때 테세우스는 크레타의 공주 아리아드네의
도움으로 미궁 속으로 들어간다.

아테네의 소년과 소녀들을 태운 배는 검은 돛을 달고 떠났는데, 테세우스는 아버지에게 미노타우로스를 없애고 돌아올 때에는 흰 돛을 달고 오겠다고 약속했다.

소년과 소녀들이 크레타에 도착하자, 테세우스가 미노스 왕 앞으로 나아갔다. 그때 그 자리에 미노스 왕의 딸 아리아드네도 나와 있었다.

그녀는 테세우스를 본 순간 첫눈에 사랑에 빠지게 되었다. 사랑에 눈이 먼 그녀는 사랑하는 테세우스가 미궁에 던져지는 것을 두고 볼

미궁 속의 테세우스
번 존스 (Burne Jones)

수 없었다.

　미궁에 들어가 미노타우로스를 죽인다고 하더라도 미궁에서 무사히 빠져나오는 것은 거의 불가능했다.

　아리아드네는 조용히 테세우스를 찾아가서 실이 잔뜩 감겨 있는 실 타래 하나를 건네주었다.

미노타우로스를 물리친 테세우스
샤를 에두아르 셰즈 (Charles Edouard Chaise)

테세우스가 괴물인 미노타우로스를 죽이고 소년과 소녀들을 구출하는 장면을 묘사한 그림이다.

    테세우스는 실타래의 실 끝을 풀어 미궁의 문설주에 묶은 뒤 실을 풀면서 미궁 안으로 들어갔다.

    그리고 괴물 같은 미노타우로스와 격렬하게 싸운 끝에 미노타우로스를 때려 죽였다. 테세우스는 실타래에서 풀려나온 실을 살살 당기면서 소년과 소녀들을 이끌고 미궁을 빠져나왔다.

버림받은 아리아드네

*아리아드네의 헌신에도 불구하고
테세우스는 그녀를 홀로
낙소스 섬에 남겨 놓고 떠난다.*

　테세우스는 아리아드네와 소년과 소녀들을 데리고 아테네로 떠났다. 돌아가던 도중 그들은 낙소스 섬에서 잠시 쉬었는데, 테세우스는 잠든 아리아드네를 그곳에 두고 떠나버렸다.

　그가 은인에게 이와 같은 배은망덕한 짓을 한 이유는 여신 아테나가 꿈에 나타나 그렇게 해야 한다고 말했기 때문이었다. 이것으로 인하여 테세우스는 영웅에서 비극의 주인공이 되어버렸다. 테세우스는 아테네를 떠나면서 자신이 성공하면 돌아올 때 배에 흰 돛을 달고 오겠

떠나는 테세우스의 배를 바라보고 통곡하는 아리아드네
안젤리카 카우프만 (Angelica Kauffmann)

다고 약속한 바 있었다. 하지만 테세우스는 아리아드네를 두고 온 것에 대해 무척 상심하였으며 그녀를 생각하다 그만 이 약속을 깜박 잊어버렸다. 멀리서 아들의 배를 기다리던 아이게우스 왕은 배에 흰 돛이 달려 있지 않다는 소식을 듣고는 아들이 죽었다고 생각하여 앞바다에 몸을 던져 자살해 버렸다.

이를 안 테세우스는 자신의 실수에 큰 슬픔에 빠졌다. 그러나 왕의 자리가 비어 있어 더는 슬퍼만 할 수 없어서 아이게우스의 뒤를 이어 왕이 된 테세우스는, 민의를 존중하는 정치를 실시하였고, 지배권을 확대하며 각지를 정복하였다.

낙소스 섬에 홀로 남겨진 아리아드네
허버트 제임스 드레이퍼 (Herbert James Draper)

디오니소스와 아리아드네

*절망에 빠진 아리아드네에게
새로운 연인이 등장하는데 이 모든 것은
아테나 여신의 신탁에서 이루어진다.*

아리아드네는 테세우스와 결혼하기로 약속하고 크레타 섬을 떠나 테세우스와 함께 아테네로 가던 도중 낙소스 섬에 들르게 되었다. 그러나 테세우스는 낙소스 섬에서 아리아드네가 잠든 사이에 그녀를 남겨 두고 혼자만 아테네로 떠나버렸다.

테세우스에게 버림받은 아리아드네가 슬픔에 잠겨 있을 때, 그녀를 불쌍히 여긴 아프로디테가 테세우스 대신에 신을 애인으로 보내 주기로 약속했다.

아리아드네에게 별의 왕관을 씌우는 디오니소스
틴토레토 (Tintoretto)

　낙소스 섬은 디오니소스가 매우 좋아하는 곳이었다. 아리아드네가
자신의 운명을 한탄하고 있을 때, 디오니소스가 그녀를 발견하고 자신
의 아내로 삼았다.

　그는 결혼 선물로 그녀에게 보석으로 장식된 금관을 주었다. 그리
고 그녀가 죽었을 때, 디오니소스는 그 금관을 공중으로 던졌다. 그러
자 그 금관은 하늘 위로 올라가면서 보석이 더욱 광채를 발하며 반짝
이는 별로 변했다. 아리아드네의 금관은 그 모양을 유지하면서 하늘로
올라가 무릎을 꿇은 헤라클레스와 뱀을 쥐고 있는 부하 사이에서 별
자리가 되었다.

낙소스 섬의 디오니소스와 아리아드네
귀도 레니 (Guido Reni)

낙소스 섬에 홀로 남는 아리아드네
안젤리카 카우프만 (Angelica Kauffmann)

스위스 출신의 신고전주의 화가. 여성 화가가 인정받지 못하던 때, 카우프만은 피렌체의 명문 아카데미아 델라르테 델 디세뇨의 회원이었으며 왕립 미술아카데미의 창립 회원이었다. 카우프만은 역사화로 유명하지만, 영국인들의 관심을 끈 것은 400점에 달하는 그녀의 초상화였다.

이 작품은 카우프만의 우아한 필치가 나타나는데, 그리스 신화의 아리아드네를 절제된 슬픔을 드러내는 인물로 재창조했다.

오비디우스의 변신 이야기

| 제11장 |

술의 신 디오니소스

MYTHS
O   F
GREECE
A   N   D
ROME

세멜레와 헤라

디오니소스의 어머니 세멜레는
질투의 화신인 헤라 여신으로 인해
재가 되어 가는데……

디오니소스는 제우스와 세멜레 사이에서 태어난 아들이다.

헤라는 세멜레의 유모인 베로에로 변장하고 세멜레에게 다가가 그녀의 애인이 진짜 제우스인지에 대해 의심하도록 이렇게 말했다.

"당신의 정인이 제우스라면 그 증거를 보여 달라고 해 보세요."

세멜레는 헤라의 꼬임에 넘어가 제우스를 만나자 청을 하나 들어달라고 부탁했다.

제우스는 그것이 무엇인지 모르고 신들도 두려워하는 스틱스 강에 걸

제우스와 세멜레
귀스타브 모로 (Gustave Moreau)

어 서약을 했다. 그러자 세멜레는 제우스의 본모습을 보여 달라고 말했다. 제우스가 그녀의 말을 막으려 했지만 그럴 사이가 없었다.

깊은 고뇌에 잠긴 채 제우스는 그녀와 이별하고 하늘로 돌아갔다. 그곳에서 그는 가벼운 갑옷을 입었다. 그리고 세멜레의 방으로 들어섰다. 세멜레는 인간이었기 때문에 그녀의 몸은 신의 갑옷에서 나오는 휘황찬란한 광채를 견딜 수 없었다.

그녀는 그만 재가 되어 사그라지고 말았다.

제우스는 세멜레의 몸에서 아기 디오니소스를 꺼내어 자신의 허벅지에 넣고 10달 동안 키웠다. 그리고 니사의 님프들에게 맡겨 보살피게 했다.

세멜레와 제우스, 헤라
줄리오 로마노 (Giulio Romano)

술의 신 디오니소스

*재로 변하는 세멜레의 몸에서 태어난
디오니소스는 인간에게 최대의 선물이자
최악의 선물인 술을 만들어 낸다.*

인간으로서 신이 된 디오니소스는 그리스 이외에 여러 나라를 두루
여행했다. 헤라가 그를 미치게 만들어 시리아·이집트 등 동방의 여러
나라를 방랑하게 했는데, 마침내 프리기아에서 레아가 그를 정상으로
돌아오게 하였다.

그는 프리기아 사람들의 옷을 입고 리디아의 마이나데스들과 사티
로스들 또는 실레노스와 함께 다녔다. 그를 따르는 여자들은 사슴 가
죽을 몸에 두르고 티르소스 지팡이를 들고 있었다.

술을 마시는 어린 디오니소스
귀도 레니 (Guido Reni)

　그들이 에우프라테스 강에 이르렀을 때, 디오니소스가 담쟁이덩굴
과 포도덩굴을 얽어 다리를 만들어 건넜다. 그 뒤 인도의 갠지스 강에
도착한 디오니소스와 그들은 그곳에서 그에 대한 신앙을 포교한 뒤 표

신들의 사랑
안니발레 카라치 (Annibale Carracci)

디오니소스는 니사의 님프들과 사티로스들에 의해 자랐으며, 그곳에서 포도 재배법과 즙을 짜내 술을 만드는 기술을 터득하게 된다. 청년이 된 디오니소스는 헤라의 질투와 처벌로 인해 광기에 휩싸여 세계 각지를 떠돌아다니며 많은 사람들에게 포도주 재배법을 알려주었다. 레아에 의해 정상이 된 그는 사람들에게 광적인 추앙을 받으며 고향 그리스로 돌아온다. 니사를 떠나 트라키아를 거쳐 펠로폰네소스 반도로 이어지는 디오니소스의 방랑이 포도와 포도주가 전해진 경로와 거의 일치한다. 디오니소스의 주위에는 '미친 여자들'이라는 뜻의 마이나데스라고 불리는 여성들이 따랐는데, 그녀들은 디오니소스의 축제 때 술에 취한 채 광란의 춤을 추었다. 실제로 고대 그리스에는 기원전 13세기경 소아시아로부터 전해진 것으로 알려진 디오니소스 종교가 존재했다.

범이 끄는 마차를 타고 그리스로 돌아왔다.

올림포스 신들과 기간테스들이 치른 전쟁 때에는 디오니소스가 기간테스의 수장인 에우리토스를 때려죽였다. 그리고 나중에 그는 헤라와 화해하였다. 디오니소스는 미의 여신 아프로디테와 한때 사랑을 나누었고, 그들 사이에서 다산과 번식의 신이자 풍요와 초목의 신인 프리아포스가 태어났다고 한다.

디오니소스(바쿠스)
카라바조 (Caravaggio)

바로크 미술의 선구자 카라바조의 청년기를 대표하는 그림으로 포도주의 신 바쿠스에게 젊고 관능적인 이미지를 부여하여 세속적인 신, 인간의 모습을 닮은 신을 표현하였다. 그는 인물뿐만 아니라 정물에도 뛰어난 재능을 발휘하였는데, 그림에서 바쿠스 앞에 있는 탁자에는 사과와 포도, 석류 등이 담긴 과일 바구니가 놓여 있다. 그런데 자세히 보면 과일들이 상하거나 이미 썩었다. 당시 사과에는 선악을 상징하는 종교적 의미가 있었으며, 이렇게썩은 사과와 색이 변한 무화과는 인류의 원죄를 뜻하는 것으로 그림에서 좀처럼 소재로 삼지 않았다.

더군다나 술의 신이며 풍요와 축제의 신인 바쿠스에게 썩은 과일을 함께 배치한 것은 획기적인 일이면서 한편으로 의미심장하다.

오비디우스의 변신 이야기

| 제12장 |

신과 인간의 사랑과 욕망

M Y T H S

O   F

G R E E C E

A   N   D

R O M E

하늘을 나는 이카로스

*모든 곳이 가로막힌 감옥에서 오로지
탈출할 곳은 하늘뿐이었다. 선택의 여지가
없는 다이달로스는 날개를 만들어 그의
아들 이카로스와 함께 창공을 날아오른다.*

미노스 왕을 위해 다이달로스가 미궁을 만들었지만, 나중에 미노스 왕의 미움을 받아 탑 속에 갇히는 처량한 신세가 되었다. 다이달로스는 감옥에서 도망칠 방법을 궁리했으나, 바다에 둘러싸인 섬을 탈출할 수가 없었다.

왕이 모든 배를 엄중히 감시하게 하였기 때문이다.

"미노스는 육지와 바다를 지배할 수가 있으나, 하늘을 지배할 수는 없을 것이다."

하늘을 나는 이카로스와 다이달로스
루벤스 (Peter Paul Rubens)

　이렇게 다이달로스는 말했다. 그리고 그는 자신과 어린 아들 이카로스를 위하여 날개를 만들기 시작했다. 우선 조그마한 깃털을 합치고 점점 큰 것을 덧붙여서 날개는 차츰 커져 갔다.

　큰 깃털은 실로 잡아매고, 작은 깃털은 밀랍으로 단단히 붙였다. 마침내 날개가 완성되어 다이달로스가 날개를 가볍게 흔들자, 그의 몸이 공중으로 떠오르고, 날개로 바람을 쳐서 균형을 잡자 몸이 공중에 머물렀다. 그때 이카로스가 너무 즐겁고 신이 나서 아버지의 곁을 떠나 하늘 높이 태양 가까이까지 올라갔다. 그러자 불타는 태양의 열기가 날개의 깃털을 붙이고 있던 밀랍을 녹이기 시작했다. 그리고 깃털이 날개에서 떨어져 흩어져 내렸다.

　이카로스의 몸은 바다의 푸른 물 속으로 떨어지고 말았다.

에오스와 티토노스

에오스의 선택으로 불사의 몸을 지니게 된
티토노스. 그러나 영원한 청춘을 가질 수 없었던
그는 세월이 흐를수록 점점 늙어 가는데도
불사의 몸이었기 때문에 죽을 수가 없었다.

　에오스는 새벽의 여신으로 인간을 사랑하는 때가 종종 있었다. 에오스가 가장 열렬히 사랑한 사람은 트로이의 왕 라오메돈의 아들 티토노스였다.

　그녀는 그를 너무도 사랑한 나머지 납치하기에 이르렀다. 그리고 제우스에게 간청하여 불사의 능력을 그에게 주도록 하였다.

　그러나 불사와 더불어 영원한 젊음을 청하는 것을 깜박 잊었기 때문에, 그 이후로 티토노스가 점점 늙어 가는 것을 보고, 그녀는 대단

에오스와 티토노스
프란체스코 데 무라 (Francesco de Mura)

히 마음 아파했다.

티토노스가 백발노인이 되었을 때 에오스는 그와의 교제를 끊었다. 하지만 그는 계속 그녀의 궁전에 머무르면서 신의 음식을 먹고 천상의 옷을 입었다.

마침내 그가 너무 늙어 수족을 움직일 수 없게 되자 그녀는 그를 창고에 가두었고, 그 창고에서 그의 흐느끼는 소리가 종종 밖으로 새어나오자 그를 매미로 만들었다.

에오스와 티토노스 사이에 아들 멤논이 태어났는데, 트로이 전쟁 때 아킬레우스와 싸우다 죽고 만다.

에오스와 티토노스
루이 라그레네 (Louis Jean François Lagrenee)

티토노스의 비극적 이야기의 원인은 에오스가 아프로디테의 연인 아레스를 사랑해서 아프로디테를 화나게 하여 에오스가 하는 사랑은 모두 불행으로 끝나게 한 저주 때문이다. 에오스와 티토노스의 사이에서 태어난 아들 멤논은 에티오피아의 왕이 된다. 그러나 멤논이 왕위에 오를 무렵, 트로이 전쟁이 일어났다. 그런데 사촌 격인 헥토르가 죽자 그는 친척 간인 트로이군을 지원하러 군대를 이끌고 아마조네스와 함께 트로이를 도왔다. 그러나 그리스의 명장인 아킬레우스의 공격으로 죽었다. 그의 어머니인 에오스가 그를 에티오피아로 데려갔다. 그 사이에 흘린 눈물은 아침 이슬이 되었고, 멤논의 부하들은 멤노니데스라는 새가 되었다. 후에 그는 제우스가 불사의 몸으로 살게 해 줬다.

에오스는 아들을 잊지 못하여 지금도 슬픈 눈물을 흘리고 있는데, 매일 아침 풀 위에 내린 이슬의 형태로 그녀의 눈물을 볼 수 있다.

갈라테이아와 키클롭스

사랑은 거친 마음도 부드럽게 만드는
묘약과 같다. 갈라테이아를 사랑한
키클롭스는 거친 마음을 순화시키지만,
질투의 화신은 그를 내버려 두지 않았다.

갈라테이아는 바다의 님프인 네레이스이다. 그녀는 시칠리아 섬의 바다에서 살면서 목신인 판의 아들 아키스를 사랑했다. 그런데 외눈박이 거인인 키클롭스가 갈라테이아를 사랑하였다.

아키스와 갈라테이아는 서로 사랑하는 사이지만, 키클롭스는 짝사랑에 불과했다. 키클롭스는 사랑을 얻으려고 여러 가지 노력을 했다. 그는 처음으로 자신의 외모에 신경을 쓰기 시작했고, 갈라테이아의 마음에 들려고 노력하게 되었다. 그는 돼지털 같은 헝클어진 머리카락

갈라테이아와 키클롭스
귀스타브 모로 (Gustave Moreau)

을 곰 발바닥 같은 손으로 빗었고 수염도 다듬었다. 그는 살생을 좋아
하는 사나운 성질도, 피를 원하는 성질도 가라앉히고 그의 섬에 들르
는 선박도 무사히 통과시켰다.

그는 큰 발자국을 남기며 해안을 이리저리 걸어 다녔고, 동굴 속으
로 들어가 누워서는 한숨을 푹푹 쉬곤 하였다. 그러나 갈라테이아의
사랑을 얻지 못하였다.

그는 아키스와 갈라테이아의 밀회 장면을 목격하고는 질투의 화신
으로 변하였다. 결국 아키스는 그가 던진 바위에 맞아 죽었다. 갈라테
이아는 슬픔에 잠겨 그를 시내로 변하게 하였다.

갈라테이아와 아키스 그리고 키클롭스
알렉상드르 샤를 기유모 (Alexandre Charles Guillemot)

그림 속에 그려진 시내는 아키스의 시내를 암시하고 있다.

반인반마의 켄타우로스

반은 사람의 형태이고 반은 말의 형상인
켄타우로스 족은 현자인 케이론도 있었지만
성격이 거칠고 난폭하여 신들의 세계에
소동을 일으키기도 했다.

켄타우로스는 머리에서 허리까지 인간이고, 나머지는 말의 몸을 하고 있는 괴물이다. 말을 몹시 좋아한 옛날 사람들은 인간과 말을 합친 결합체를 그렇게 천한 것으로 생각하지 않았다. 따라서 켄타우로스는 고대인들이 상상한 괴물 중에서 가장 훌륭한 특성을 가진 유일한 괴물이었다.

켄타우로스는 인간과 교제가 허용되어 페이리토오스와 히포다메이아가 결혼할 때 손님들과 함께 초대되었다.

그 결혼식에서 켄타우로스 족인 에우리티온은 술에 취해 신부에게

어린 아킬레우스를 교육시키는 케이론
조반니 바티스타 치프리아니 (Giovanni Battista Cipriani)

폭행을 가하려고 했다. 그러자 다른 켄타우로스들도 그를 따랐고, 결국 무서운 싸움이 일어나 그들 중 몇 명이 피살되었다.

이것이 저 유명한 '라피타이 족과 켄타우로스 족의 싸움'으로, 고대의 조각가와 시인들이 즐겨 다룬 소재가 되었다. 그러나 모든 켄타우로

라피타이 족과 켄타우로스 족의 싸움
페테르 파울 루벤스 (Peter Paul Rubens)

페이리토오스와 히포다메이아의 결혼식 날이었다. 그는 친척인 켄타우로스 족을 초청했다. 결혼식이 끝나고 열린 피로연에서 켄타우로스 족은 술에 만취하여 히포다메이아를 겁탈하려 했으며 다른 여자들도 납치하려고 했다. 분노한 페이리토오스는 절친한 친구 테세우스의 도움으로 그들과 맞서 싸워 대다수를 몰살했다.

스가 난폭하지는 않다. 케이론이라는 켄타우로스는 아폴론과 아르테미스에게 교육을 받고 수렵과 의술, 음악과 예언에 능하기로 유명했다.

　케이론은 모든 켄타우로스 중에서 가장 현명하고 가장 공정한 자였고, 제우스는 그가 죽은 후에는 인마궁이라는 성좌 가운데 그를 놓았다.

아르테미스와 오리온

순결의 여신인 아르테미스가
진심으로 사랑한 오리온.
그러나 아폴론의 방해로 그녀의
사랑은 비극으로 치닫게 된다.

오리온은 사냥꾼으로 자신을 아주 좋아하는 아르테미스와 함께 지
냈다. 얼마 후 아르테미스가 오리온과 결혼할 거라는 소문이 퍼졌다.

그러자 아르테미스 여신과 남매 사이인 아폴론은 이를 매우 못마땅
하게 여겨 아르테미스를 꾸짖고 타일러 보았지만 사랑 앞에선 아무 효
과가 없었다.

어느 날 아폴론은 멀리서 머리를 물 위에 겨우 내놓고 바다를 건너
는 오리온을 보았다. 아폴론은 아르테미스에게 검은 점처럼 보이는 오

아르테미스 조각상

리온의 머리를 가리키며 말했다.

"네 솜씨가 뛰어나도 저 검은 점은 맞힐 수 없겠지?"

이렇게 아폴론이 아르테미스의 자존심을 상하게 하자, 활쏘기의 명수인 그녀가 검은 점을 겨누어 화살을 쏘았다.

당연히 그 화살은 표적인 오리온의 머리를 맞혔고, 오리온은 그 자리

죽은 오리온을 발견한 아르테미스
다니엘 세이터 (Daniel Seiter)

오리온은 포세이돈의 아들로 거인이었지만 잘생겼으며, 힘이 무척 센 사냥꾼이었다. 그의 아버지 포세이돈은 그에게 바닷속을 걸어가는 힘을 주었다. 그는 너무나 큰 거인이어서 바닷속에 들어가도 바닷물이 어깨밖에 닿지 않았다고 한다.

에서 죽었다. 오리온의 시신이 파도에 밀려 육지로 올라왔다. 아르테미스는 돌이킬 수 없는 자신의 잘못에 눈물 흘리며 통곡하였다.

그녀는 슬퍼하다가 오리온을 하늘의 별자리로 올려놓았다. 그래서 오리온은 지금도 허리띠와 칼을 차고 사자의 모피를 두른 채 곤봉을 손에 쥔 거인 별자리로 나타나고 있다.

피그말리온의 구애

여성 혐오증을 가진 피그말리온은 자신이
조각한 여인의 조각상에 사랑을 느끼게 된다.
그리고 그의 한결같은 사랑은 기적을 낳고 만다.

피그말리온은 매우 뛰어난 조각가였다. 그는 조각을 하면서 여자의 결점을 너무나도 많이 보았기 때문에 마침내 여성을 혐오하게 되었고, 한평생 독신으로 지내기로 결심했다.

어느 날 그는 상아로 여자의 입상을 조각하고 있었는데 정교하고 아름답게 만드는 솜씨는 그 누구도 따를 수 없을 정도였다. 조각상은 마치 살아 있는 처녀가 수줍어하는 듯했다.

피그말리온은 매일같이 자신의 작품을 보고 감탄하다가 조각인 처녀

피그말리온과 갈라테이아
장 레옹 제롬 (Jean Leon Gerome)

사람으로 변신한 갈라테이아와 피그말리온이 키스를 하는 장면을 그렸다.

피그말리온의 구애
장 밥티스트 르노 (Jean Baptiste Regnault)

피그말리온과 그의 조각 처녀 갈라테이아의 이야기는 사람들에게 환상적인 꿈과 희망을 준다. 피그말리온 효과는 피그말리온처럼 간절히 원하고 긍정적으로 기대하면 상대방은 기대에 부응하는 행동을 하고 기대에 충족되는 결과가 나오게 되는 현상을 말한다.

를 사랑하게 되었다. 그리고 아프로디테 여신에게 빌었다.

"여신이여, 원컨대 제가 저 상아 처녀 같은 여인을 아내로 맞게 해 주십시오!"

아프로디테는 피그말리온의 소원을 듣고 그가 원하는 참뜻을 알았다. 집으로 돌아온 피그말리온은 그의 조각을 보러 갔다. 그는 소파에 기대어 조각을 살펴보았다. 그러자 조각의 입술에 온기가 도는 것 같았다.

소원이 이루어졌다는 것을 안 피그말리온은 처녀의 입술에 자신의 입술을 갖다 댔다. 처녀는 키스를 받자 얼굴을 붉혔다. 아프로디테는 자기가 맺어준 두 사람의 결혼을 축복해 주었다.

오비디우스의 변신 이야기

| 제13장 |

신들의 탄생

MYTHS
O F
GREECE
AND
ROME

가이아와 우라노스

생명의 기운은 암흑으로부터
탄생되었다. 그리고 그 실체는
가이아라는 생명의 여신이었다.

태초의 세상은 '카오스(혼돈)'라 불리는 암흑의 세상이었다. 이런 암흑은 점점 변하여 생명의 기운이 돋아나기 시작했는데, '가슴이 넓은' 땅의 신인 가이아와 '영혼을 부드럽게 하는' 사랑의 신인 에로스가 나타났다.

가이아는 에로스의 도움으로 산맥의 신 오레를 만들고, 바다의 신 폰토스와 하늘의 신 우라노스를 낳았다. 이렇게 모든 것은 가이아로부터 출발되었다.

자식을 먹어 치우는 우라노스
프란시스코 고야 (Francisco de Goya)

'검은 그림'의 연작 중 하나이다. 고야는 1819년에 '귀머거리 집'이라고 불리는 별장을 구입하고 그곳에 14 점의 음울하고 어두운 이미지의 벽화를 그렸다. 이 그림은 그중 하나이다. 타르타로스는 그리스 로마 신화에 나오는 지하세계의 심연 또는 그것을 상징하는 태초의 신으로, 이 장면에서의 타르타로스는 우라노스의 뱃속을 의미한다.

그 당시 하늘과 땅은 지금처럼 멀리 떨어져 있지 않고 아주 가까이 있었다. 마치 한 냄비 속에 하늘과 땅과 바다가 서로 접하고 있는 것과 비슷한 모양이었다.

에로스는 또 다른 일을 하였다. 에로스는 땅인 가이아와 하늘인 우라노스가 서로 사랑하게 만들었다. 그리하여 가이아와 우라노스는 서로 부부가 되고, 그들 사이에서 열두 명의 티탄 족이 태어났다. 이 티탄 족은 매우 잘생긴 거인들이었다.

가이아와 우라노스는 이런 티탄 족이 좋았는지 또 다른 거인 세 명을 낳았다. 그런데 이번에 태어난 거인들은 잘생긴 티탄 족이 아니라 아주

가이아
포이어바흐 (Feuerbach, Anselm)

가이아는 만물의 어머니로서의 땅을 인격화한 여신이다.

흉측하게 생긴 괴물들이었다. 흉측한 키클롭스들에게 두려움을 느낀 우라노스는 그들을 땅속 깊은 곳 타르타로스 감옥에 가두었다.

우라노스를 제거한 크로노스

가이아로부터 시작된 생명의 탄생은
우라노스와 그의 자손들을 낳았다.
그리고 최초의 권력 암투가 벌어진다.

가이아의 원망은 복수심으로 바뀌었다. 가이아는 티탄의 자식들과
이를 의논했다. 그때 티탄의 막내인 크로노스가 강철로 된 낫을 하나
만들어 달라고 했다. 가이아는 자신의 몸속에 흐르는 무쇠의 맥에서 낫
을 하나 만들어 크로노스에게 주었다.

밤이 되자, 우라노스는 검은 구름을 몰며 가이아를 덮었다. 그리고
자식의 씨를 뿌리는 성기가 부풀어 오르자, 이때를 놓치지 않고 크로노
스가 낫으로 우라노스의 성기를 잘랐다.

하늘의 신 우라노스를 거세하는 크로노스
조르조 바사리 (Giorgio Vasari)

조르조 바사리는 르네상스 시대에 많은 화가들의 일대기를 기록하여 출간한 유명한 미술사학자이기도 하다.

우라노스는 괴성을 지르며 이렇게 말했다.

"내 생식기에서 피가 솟게 했으니 이것은 예삿일이 아니다."

우라노스의 잘라진 성기에서 피의 정기와 사랑의 정기가 함께 나왔다. 이때 피의 정기가 가이아의 몸속에 떨어졌고, 이 때문에 가이아는 뜻하지 않게 자식들을 낳았다. 이때 낳은 자식들은 복수의 여신인 에리니에스 자매들과 기간테스 형제들이다.

우라노스가 뜻하지 않은 공격을 받고 가이아로부터 떨어져 지금의 땅과 하늘처럼 되어 버렸고, 그때 우라노스의 잘라진 성기에서 나온 사랑의 정기는 바다로 떨어져 미의 여신 아프로디테가 태어났다.

비너스(아프로디테)의 탄생
산드로 보티첼리 (Sandro Botticelli)

르네상스의 아이콘이라고 불리는 이 작품은 미의 여신 아프로디테가 태어나는 장면을 묘사한 그림이다. 아프로디테는 하늘의 신 우라노스의 잘라진 생식기에서 잉태되었는데, 그리스 신화에서 여신은 사랑과 아름다움을 관장하여 많은 신과 사람들에게 흠모의 대상이 되기도 한다. 또한 그녀의 아들 에로스는 사랑의 전령으로서 숱한 이야기를 남긴다.

제우스의 어린 시절

패권을 쥔 크로노스와 이에 도전하는
도전자 제우스, 아버지와 아들의
패권 다툼은 이때부터 시작되었다.

우라노스를 물리친 크로노스는 신들의 왕이 되었다. 그리고 티탄 족
인 레아와 결혼을 했다. 그는 왕이 되자 어머니 가이아와의 약속을 저
버렸다.

그 약속은 타르타로스 감옥에 갇힌 형제들을 풀어주는 것이었는
데, 왕이 되자 그들의 생김새가 두려워서 약속을 지키지 않았다. 이렇
게 되자, 크로노스와 가이아는 서로 갈등하는 사이가 되었다. 그뿐만
이 아니었다. 크로노스는 레아가 자식을 낳자 우라노스처럼 자식들을
집어삼키기 시작했다. 이것은 우라노스의 저주였다. 레아도 가이아처

**자식을 삼키는
크로노스**
페테르 파울 루벤스
(Peter Paul Rubens)

우라노스에 이어 권력
을 잡은 크로노스는 우
라노스가 했던 것처럼
자신의 권력욕을 지키
기 위해 자식들을 삼
킨다.

제우스의 어린 시절
니콜라 푸생 (Nicolas Poussin)

크로노스 몰래 크레타 섬에서 자란 아기 제우스는 암염소(아말테이아)의 젖을 먹으며 자랐으며,
어린 제우스를 크로노스로부터 보호하기 위해 숲의 님프들이 하늘을 향해 시끄럽게 소리 지르며
어린 제우스의 목소리가 들리지 않게 했다.

럼 슬픔에 잠겼다. 그럼에도 그녀는 크로노스의 아이를 갖게 되었다.

그리고 겨우 살아남은 아이를 크로노스 모르게 크레타 섬의 숲의 님
프인 나이아데스에게 맡겨 키우게 했다. 이 아이가 바로 나중에 크로노
스를 물리치고 신들의 왕이 되는 제우스이다.

제우스의 승리

크로노스와 제우스의 권력 투쟁은 아들인 제우스의
승리로 돌아갔다. 그렇게 되자 시간의 신인 크로노스는
반격의 기회를 노리며 시간을 기다린다.

제우스는 성장하여 지혜의 여신 메티스와 결혼했으며, 아버지크로
노스를 몰아내고 신들의 제왕이 되기 위해 어머니 레아를 찾아갔다.

레아는 먼저 크로노스의 뱃속에 있는 형제들을 구할 것을 원했다.
그래서 구토약이 섞인 음식을 크로노스에게 주자, 아무것도 모르는 크
로노스는 음식을 먹고 나서 배를 움켜쥐고는 뱃속에 있는 모든 것을 토
해 냈다. 이때 제우스의 형제들은 크로노스의 뱃속에서 나올 수가 있
었다. 정신이 없던 크로노스는 제우스의 공격을 받자 당황하고 놀라며

옴팔로스
제우스는 세상의 중심을 알고 싶어, 두 마리 독수리를
세상에 날려 보냈는데 서로 다른 방향으로 날아가서 세
상을 돌아 그 중심에서 만나게 하였다. 독수리들이 마
주친 장소가 파르나소스 산 기슭에 자리한 도시 '델포
이'였다. 이곳이 세계의 중심인 것을 안 제우스는 '옴팔
로스'(크로노스가 토해 낸 돌)를 놓아 표시하였다.

멀리 사라졌다.

그리고 신들의 나라에는 제우스가 제왕의 자리에 올랐다. 크로노스
가 삼켰던 제우스의 형제들은 제우스의 형과 누나들이었다. 그러나 그
들이 크로노스의 뱃속에서 토해 나올 때 제우스는 이미 청년이 되어
있었고, 그의 형과 누나들은 크로노스에게 삼켜질 때 그대로 갓난아기
의 모습이었다.

그렇기 때문에 천상의 왕위 자리는 제우스가 차지하게 되었다.

올림포스 하늘 궁전
프랑수아 르무안 (François Lemoyne)

크로노스를 몰아낸 제우스는 그의 형제들과 함께 올림포스 산 위에 하늘 궁전을 짓고 신들의 세
계를 지배하였다.

티탄 족과의 전쟁

크로노스의 또 다른 아들인 티탄들은
크로노스의 복수를 위해 제우스와 그의
형제들을 공격하여 신들의 전쟁이 펼쳐진다.

제우스가 제왕이 되자, 크로노스의 편을 들며 오트뤼스 산에 웅거하고 있던 티탄 족들이 올림포스를 공격해 왔다. 이 싸움을 '티타노마키아'라고 하는데, 티탄 족 중에 티탄 12형제와 프로메테우스는 제우스 편에 서서 전쟁을 치렀다.

그러나 전쟁은 좀처럼 끝나지 않았다. 이에 가이아는 제우스에게 타르타로스 감옥에 갇힌 자들을 풀어 오라고 하였다.

제우스는 할머니 가이아의 말에 따라 타르타로스 감옥에 갇혀 있던

티탄 족을 벼락으로 내리치는 제우스
샤를 라미 (Charles Lamy)

제우스는 아버지 크로노스의 형제 격인 티탄 족과의 전쟁에서 타르타로스 감옥에 구
금되어 있는 키클롭스 형제들에게 도움을 받아 그들이 선물한 번개와 벼락으로 티탄
족을 물리친다.

외눈박이 거인 키클롭스 삼형제와 헤카톤키레스 삼형제를 구출하여 자
신의 편으로 삼았다.

　대장장이인 키클롭스 삼형제는 포세이돈에게 삼지창 트리아이나를
선물하고, 하데스에게는 머리에 쓰면 상대방에게 보이지 않게 되는 황

티탄의 추락
코르넬리스 반 하를렘 (Cornelis van Haarlem)

전쟁에 패한 티탄 족이 타르타로스의 감옥에 추락하는 장면을 묘사하였다. 타르타로스란 지하세계의 심연을 뜻하며, 신화에서 인간이 죽으면 타르타로스로 가서 심판을 받는다고 한다.

금투구 퀴네에를 만들어 주었다. 그리고 제우스에게는 번개를 선물로 주었다. 결국 제우스의 올림포스 신들은 막강한 전력으로 10년 만에 티탄 족들을 물리쳤다.

패배한 티탄 족들은 타르타로스 감옥에 갇히게 되거나 무거운 형벌을 받기도 하였다. 이로부터 올림포스 신들의 시대가 시작되었다.

기간테스와의 전쟁

*가이아의 분노로 시작된 기간테스와의
전쟁은 신화 세계의 최대 대전으로 이후에도
이 전쟁의 규모를 능가한 전쟁은 없었다.*

제우스가 티탄 족을 타르타로스 감옥에 감금하자, 가이아는 그들을
선처할 것을 부탁했지만 제우스는 들어주지 않았다. 이에 화가 난 가
이아는 자신의 또 다른 아이들인 기간테스를 동원하여 제우스를 공격
하게 했다.

인간의 형상을 하고 있는 기간테스는 하반신이 뱀의 형태로 되어 있
었다. 기간테스들은 아무런 선전포고도 없이 올림포스를 공격하였다.

올림포스의 신들도 전열을 가다듬고 기간테스들의 공격에 용감히

기간테스의 팔라스를 제압하는 아테나의 부조

맞서 싸웠다. 번개와 천둥으로 무장한 제우스가 앞장서고, 그 옆에는 승리의 여신 니케가 있었다. 포세이돈과 헤파이스토스, 아폴론, 아레스도 각자 무장을 하고 나와 싸웠다.

그리고 당나귀를 탄 디오니소스는 판을 비롯한 그의 무리들을 이끌고 용감하게 전쟁에 뛰어들어 싸웠다.

디오니소스 무리들의 요란한 소리에 기간테스들은 공포에 빠졌다.

아테나의 탄생
르네 앙투안 우아스 (Rene Antoine Houasse)

아테나는 지혜와 전쟁의 여신으로, 기간테스와의 전쟁에서 승리의 공을 세웠다. 그런데 그녀는
제우스의 머리에서 태어났다고 한다. 제우스는 율법의 여신인 테미스로부터 장차 메티스에게서
태어날 아들이 제우스를 대신해 신들의 왕이 될 것이라는 예언을 듣고 임신한 아내 메티스를 삼
켜 버렸다. 그러나 산달이 가까워지자 제우스는 머리가 깨질 듯 아팠다. 그는 헤파이스토스를 불
러 도끼로 자신의 머리를 칠 것을 명하였다. 헤파이스토스가 도끼로 제우스의 머리를 치자, 갑옷
을 입고 창과 방패를 든 아테나가 함성을 지르며 머리에서 튀어나왔다고 한다.

  그러나 이 전쟁에서 가장 혁혁한 전과를 올린 신은 전쟁 중에 제우스
의 머리에서 무장을 한 채로 태어난 아테나 여신이었다.
  아테나는 기간테스 중에서도 가장 무섭고 힘이 센 팔라스를 죽이고
그의 가죽을 벗겨 자신의 갑옷 가슴막이로 썼다.

비너스의 탄생
알렉상드르 카바넬 (Alexandre Cabanel)

　비너스의 탄생은 보티첼리의 작품이 유명하지만, 알렉상드르 카바넬의 작품 또한 보티첼리의 작품과 비견될 정도로 명성이 높다. 이 작품은 1863년 살롱 출품 작품 중 가장 성공을 거둔 걸작으로, 최고 권력을 가진 나폴레옹 3세가 구입하여 그 진가를 드높였다.

　그림은 마치 화면 밖으로 넘칠 것 같은 바다 위를 부유하면서 인간의 능력으로는 절대 취할 수 없는 위치에서 우윳빛의 살결을 가진 비너스가 이제 막 세상을 향해 기지개를 펴고 있음을 확인할 수 있다. 그러면서도 비너스의 자태나 얼굴을 가린 손 뒤로 관람객을 응시하는 시선에서 관능적이며 도발적인 느낌을 지울 수 없다. 비너스는 로마 신화의 미를 상징하는 여신으로, 그리스 신화의 아프로디테와 동일한 여신이다.

오비디우스의 변신 이야기

| 제14장 |

인간의 탄생과 멸망

MYTHS
O F
GREECE
AND
ROME

불을 훔친 프로메테우스

티탄의 일원인 프로메테우스는 인간을
창조하고 천상의 불을 훔쳐 인간에게 준다.
그 죄로 인해 무거운 형벌을 받게 되는데 ….

프로메테우스는 티탄 족이었지만 제우스의 편에 서서 전쟁을 치러
승리를 했기에, 제우스로부터 생명을 만드는 조물주의 능력을 받았다.
프로메테우스는 세상의 많은 생명체를 만들었다. 그의 동생 에피메테
우스는 그 생명체에게 각각 살아갈 수 있는 능력을 주었다. 그는 어
떤 동물에게는 날개를, 어떤 동물에게는 날카로운 손톱이나 발톱을
주었다.

모든 생명체를 만든 프로메테우스는 마지막으로 신의 형상을 본뜬
인간을 만들었다. 그러나 인간의 차례가 되자, 에피메테우스는 어찌

불을 훔치는 프로메테우스
페테르 파울 루벤스 (Peter Paul Rubens)

인간을 만든 프로메테우스와 생명을 불어넣은 아테나
장 시몽 베르텔레미 (Jean-Simon Berthelemy)

프로메테우스는 인간을 창조하고 인간에게 불을 훔쳐다 준 것으로 전해지고 있는, 그리스 신화 속의 인물이다. 프로메테우스라는 말은 "먼저 생각하는 자"라는 뜻으로, 그는 이치와 이성을 앞세워 처음으로 신들의 제왕인 제우스에게 저항한 인물이기도 하다. 그는 인간을 위해 제우스를 속여 그 죄로 쇠사슬로 결박당한 채 독수리에게 간을 쪼이는 형벌을 받는다.

해야 할지 난감했다.

에피메테우스는 신이 나서 동물들에게 가지고 있던 모든 것을 이미 다 주었기 때문이었다. 당황한 그는 형인 프로메테우스에게 달려가 도움을 청했다. 프로메테우스는 여신 아테나의 도움을 받아 하늘로 올라가 다른 신들 몰래 태양의 이륜차에서 불을 훔쳐 인간에게 주었다.

이로써 인간은 불을 사용할 줄 알게 되었고, 이 불로 다른 동물을 정복할 무기를 만들고 토지를 경작하게 되었다. 이로써 인간은 다른 동물보다 우월한 위치를 차지하게 되었다.

프로메테우스와 판도라

최초의 여인인 판도라의 호기심은
재앙을 불러 왔고, 그 후예인 오늘날의
여인들도 호기심을 버리지 못하고 있다.

프로메테우스가 인간을 위해 불을 훔쳐 주자, 인간들은 오만해졌고 신들을 섬기지 않았다. 이에 화가 난 제우스가 인간에게 불을 가져다준 프로메테우스에게 벌을 내렸다.

제우스는 프로메테우스를 코카서스 산맥에 쇠사슬로 묶고는 독수리에게 간을 쪼아 먹히는 벌을 내렸다. 그리고 인간에게 벌을 내리기 위해 헤파이스토스에게 아름다운 여자를 만들게 했다.

헤파이스토스는 아름다운 여신의 형상을 따서 아름다운 여자 판도

판도라
알렉상드르 카바넬
(Alexandre Cabanel)

또 다른 이야기에 의하면, 제우스의 호의로 인간을 축복하기 위하여 판도라를 보냈다고 한다. 그때 판도라는 그녀를 축복해 주기 위해 여러 신이 선사한 물건이 들어 있는 상자를 받았다. 그런데 그녀가 무심코 그 상자를 열었고, 그러자 모든 선물이 다 달아나고 오직 희망만이 남았다고 한다.

라를 만들었다. 제우스가 그녀에게 예쁜 상자를 선물하면서 절대로 열어 보지 말라고 하였다. 그러고는 판도라를 에피메테우스와 결혼시켰다.

결혼한 판도라는 어느 날 절대로 열어 보지 말라는 상자 속에 무엇이 들어 있는지 호기심을 이기지 못하고 그 상자를 열어 보았다.

그 순간 상자 속에서 인간에게 해가 되는 모든 것들이 튀어나왔다.

결국 이로 인해 인간은 고통에 시달리게 되었고, 제우스는 인간에게 벌을 내리는 데 성공하였다.

그러나 오늘날까지 인간이 어떤 재앙에 처해도 결코 희망을 잃지 않는 것은 그 상자 속에 희망이 남아 있었기 때문이다.

쇠사슬로 묶인 프로메테우스
귀스타브 모로 (Gustave Moreau)

제우스는 프로메테우스를 코카서스 산의 최고봉인 엘브루스 산 정상의 바위에 쇠
사슬로 묶어 놓고 독수리가 그의 간을 파먹는 벌을 내렸다. 그런데 독수리가 와서
그의 간을 파먹자마자 간이 다시 생겨나 다시 독수리에게 간을 쪼이는 일을 매일
같이 반복하는 형을 받게 된다.

대홍수

프로메테우스에 의해 창조된 인간들은
신의 존재를 경멸하고 조롱하였다.
이에 분노한 제우스는 타락한 인간들을
멸종하려는 대홍수의 형벌을 가한다.

제우스는 타락한 인간들을 벌하기 위해 손에 들고 있는 번개를 인간 세상에 던져 모두 불태워 버리려고 했다. 그러나 자칫 크게 불이 일어나면 하늘도 화재를 면치 못하리라 생각하고는 계획을 변경하여 인간 세상을 물바다로 만들기로 하였다.

그는 비구름을 만드는 남풍을 날려보내고 북풍을 모았다. 순식간에 온 하늘은 암흑으로 뒤덮였다. 구름은 모두 모여 천둥소리를 냈고, 폭우가 쏟아지기 시작했다.

대홍수
안 루이 지로데 드 루시 트리오종 (Anne Louis Girodet De Roussy Trioson)

그리스 신화의 대홍수를 묘사한 그림으로, 신으로부터 대홍수의 벌을 받은 인간들이 죽음을 피하려는 필사적인 모습을 생생하게 나타내고 있다.

제우스는 자기가 보낸 물만으로 만족하지 않고 바다의 신 포세이돈을 불러 도와주기를 청했다. 포세이돈은 강을 범람케 하여 대지를 덮었다. 동시에 그는 지진을 일으켜 대지를 뒤흔들었고, 대양의 바닷물

대홍수
레옹 프랑수아 코메르 (Leon François Comerre)

제우스가 일으킨 대홍수로 말미암아 인간뿐 아니라 지상의 모든 동물들도 죽음을 면치 못했다. 제우스는 천상에 있는 자기 물만으로는 성에 차지 않았던지 포세이돈에게 바다와 강을 모조리 범람하게 하고 그 물을 대지로 쏟아 보내게 했다. 뿐만 아니라 지진을 일으켜 땅을 쑥대밭으로 만들고 바다로 흘러 내려온 물을 다시 역류시켜 해안을 덮치게 했다. 아비규환 속에서 인간과 짐승의 울부짖는 소리가 들려오는 듯한 코메르의 작품이다.

은 거대한 쓰나미가 되어 땅을 뒤덮었다. 사람과 가축, 가옥이 모두 대홍수에 쓸려가고, 신성한 담으로 둘러싸였던 지상의 신전까지도 더럽혀졌다. 새들도 하늘을 날다가 지쳤지만, 앉아 쉴 곳을 찾지 못해 물속으로 떨어졌다.

물난리를 피한 생물들도 곧 굶어 죽고 말았다. 그러나 산들 중에서도 오직 파르나소스 산만이 물 위에 솟아 있었다.

데우칼리온과 피라

대홍수로 인간들은 멸망하고 오로지
살아남은 사람은 데우칼리온과 피라 노부부로
그들은 경건한 마음으로 신을 섬겼기에
제우스로부터 목숨을 건질 수 있었다.

파르나소스 산에는 프로메테우스의 일족인 데우칼리온과 그의 아내 피라가 피난해 있었다. 제우스는 유일하게 살아 있는 이들 부부가 흠잡을 데 없는 삶과 경건한 태도로 일관했음을 알아내고는 북풍에 명령하여 구름을 쫓고 땅을 공중에 나타나게 했다.

데우칼리온과 피라는 인간 창조를 위하여 신전에 들어가 빌었다. 그러자 신탁(神託)이 이렇게 대답했다.

"머리에 베일을 쓰고, 옷을 벗고 이 신전을 떠나라. 그리고 너희 어

데우칼리온과 피라 부조
신전에서 신탁을 받은 데우칼리온과 피라가 돌을 뒤로 던지자 그 돌로부터 새로운 생명인 인간들
이 태어나는 장면을 묘사하였다.

머니의 뼈를 너희 뒤로 던져라."

그들은 이 말을 듣고 깜짝 놀랐다. 그리고 곰곰이 생각해 보았다.

"대지는 위대한 어머니이고, 돌은 그 뼈요. 우리는 돌을 뒤로 던지
기만 하면 될 거요."

그들은 얼굴을 베일로 가리고 옷을 벗고 돌을 뒤로 던졌다. 그러자
돌은 말랑말랑해져서 형태를 만들기 시작했다. 돌들은 마치 조각가
의 손에 조각된 돌덩어리처럼 점점 인간의 형태에 가까운 모양을 취
하게 되었다.

결국에는 데우칼리온이 던진 돌은 남자가 되었고, 피라가 던진 돌
은 여자가 되었다.

데우칼리온과 피라에게서 태어나는 사람들
조반니 베네데토 카스틸리오네 (Giovanni Benedetto Castiglione)

대홍수로 모든 인간들이 멸망하고 파르나소스 산에 살아남은 데우칼리온과 피라 부부의 신화 이
야기는 《구약성서》에 나오는 노아에 해당하는 이야기로, 데우칼리온은 프로메테우스의 아들이
고, 피라는 에피메테우스와 판도라의 딸이다.

오비디우스의
변신 이야기

초판 1쇄 인쇄 | 2020년 12월 10일
초판 1쇄 발행 | 2020년 12월 15일

엮 은 이 | 진성
펴 낸 이 | 임성구
아트디렉터 | 장진영
발 행 처 | 춤추는 고래
출판등록번호 | 제2015-000077호
주 소 | 서울시 관악구 남부순환로 228길 85(202호)
전 화 | 010-3749-7930
팩 스 | 02-887-7930

ISBN 979-11-87867-40-1